5 comportements clés pour devenir une équipe de confiance

Une histoire réaliste pour apprendre

Catalogage avant publication de Bibliothèque et Archives Canada

Bouchard, Serge, 1958-

5 comportements clés pour devenir une équipe de confiance : une histoire réaliste pour apprendre

Comprend des références bibliographiques.

ISBN 978-1-927798-13-3 Édition Internationale

ISBN 978-0-9918247-0-0 Édition Canadienne

ISBN 978-1-927798-15-7 Édition numérique

1. Équipes de travail. I. Titre. II. Titre : Cinq comportements clés pour devenir une équipe de confiance.

HD66.B682 2013   658.4'022   C2013-941037-6ISBN

Les éditions : WOW! c'est si simple!
12 Place des Quatre
Drummondville (Québec) J2E 1K8
Tél. : 819 473-4248
http://sergebouchardasc.com/

Révision : Annick Corriveau
Correction : Françoise Dumais
Mise en pages : Serge Bouchard
Conception : Serge Bouchard

Serge Bouchard ASC

5 comportements clés pour devenir une équipe de confiance

Une histoire réaliste pour apprendre

LES ÉDITIONS:
WOW!
C'EST SI SIMPLE!

Dédicace

Je dédie ce livre à ma compagne Françoise
ainsi qu'à mes filles Valérie et Geneviève.
Elles ont toujours été mon équipe de confiance.

Remerciements

CE TRAVAIL EST LE FRUIT DES CONNAISSANCES ET EXPÉRIENCES QUE J'AI ACQUISES DANS MA VIE PROFESSIONNELLE ET PERSONNELLE.

PLUSIEURS PERSONNES ONT MODELÉ MA PENSÉE ET M'ONT AIDÉ À DEVENIR UNE MEILLEURE PERSONNE. ICI, JE SOUHAITE REMERCIER LES PLUS IMPORTANTES.

FRANÇOISE DUMAIS, MA COMPAGNE :
MON COUP DE CŒUR ET MA MUSE.

VALÉRIE BOUCHARD, MA FILLE AÎNÉE :
LA LEADER QUI ATTEINT SES OBJECTIFS D'ÉQUIPE.

GENEVIÈVE BOUCHARD, MA CADETTE :
LA PERSÉVÉRANTE, INTÈGRE ET AUTHENTIQUE.

MICHEL VIENS, MON AMI :
LE GARS D'ÉQUIPE ET MAÎTRE DU DÉBAT.

ANNICK CORRIVEAU, MA COLLÈGUE :
LA FEMME ENGAGÉE ET MA CONSEILLÈRE.

PIERRE LAROCHELLE, MON ENTREPRENEUR FAVORI :
LA CONFIANCE, C'EST LUI !

MARTIN LATULIPPE, MON COACH :
ÉVEILLER L'INVISIBLE POUR RÉALISER L'IMPOSSIBLE.

Contenu

Une histoire de confiance

Le travail d'équipe, c'est une histoire de confiance entre des personnes qui se réunissent dans un but précis : réussir plus facilement et plus rapidement en associant leurs forces.

Au-delà de cette apparente simplicité se cache l'être humain avec sa personnalité bien à lui, extraverti/introverti, confiant/méfiant, expérimenté/débutant, audacieux/craintif, patron/employé.

L'ensemble de ces variables influence grandement la capacité à réussir.

Ce livre a pour but de vous guider dans l'apprentissage et l'implantation des 5 bons comportements clés nécessaires à la réussite de toute équipe.

À la suite de cette histoire je vous fournirai un guide pour mettre en place les cinq comportements clés pour devenir une équipe de confiance.

Bonne lecture.

Première partie

CHAPITRE UN

Une seule personne croyait que Valérie représentait un choix éclairé pour occuper le poste de directrice générale de Synergance.

Heureusement pour elle, cette personne était le président du conseil d'administration.

Dans les faits, moins de deux mois après le départ du directeur général, Valérie Boucher avait pris les commandes de ce qui, seulement trois ans auparavant, était l'une des entreprises en démarrage les plus en vue, les mieux pourvues et les plus prometteuses de l'histoire récente du Québec. Elle ignorait à quel point l'entreprise avait reculé en si peu de temps, et elle ne se doutait pas de ce que lui réservaient les quelques mois à venir.

*

Synergance est située à Sherbrooke dans l'Estrie, une région touristique, culturelle et entrepreneuriale. Elle a à son actif l'équipe de gestionnaires la plus expérimentée et *dispendieuse* qu'on puisse imaginer, un plan d'affaires apparemment solide, et le soutien de plus d'investisseurs de grande ampleur que toute jeune entreprise puisse espérer. Même les plus prudentes des sociétés à capital de risque faisaient la queue pour y injecter de l'argent. Beaucoup d'ingénieurs compétents avaient soumis leur curriculum vitae avant même que l'entreprise n'ait loué son premier bureau.

Cela se passait près de trois ans plus tôt, ce qui est une éternité dans l'univers des jeunes entreprises spécialisées dans les technologies de l'information. Après les premiers mois d'existence marqués par l'euphorie, l'entreprise avait commencé à essuyer une série de déceptions. Des dates d'échéances critiques furent dépassées. Quelques employés clés relevant de la direction démissionnèrent subitement. Le moral des troupes se détériorait progressivement. Tout cela en dépit des avantages considérables que Synergance avait à son actif.

Le jour du troisième anniversaire de la fondation de l'entreprise, le conseil d'administration arriva unanimement à la conclusion qu'il fallait *réclamer* à Georges Simoneau, le directeur général et cofondateur de l'entreprise, de se retirer. On lui offrit la direction

13

du développement de marché et, à la grande surprise de ses collègues, il accepta cette rétrogradation, ne voulant pas se priver de gros profits au cas où l'entreprise serait un jour cotée en Bourse. Car malgré le climat économique difficile, l'entreprise avait toutes les raisons de croire que cela surviendrait.

Aucun des cent vingt employés de Synergance ne fut choqué par la rétrogradation de Georges. Alors que la majorité d'entre eux semblaient l'apprécier sur le plan personnel, ils ne pouvaient nier que, sous sa direction, l'atmosphère qui régnait au sein de l'entreprise était devenue de plus en plus menaçante. Les coups de couteau dans le dos étaient devenus quotidiens. Il n'y avait ni harmonie ni amitié dans l'équipe de direction. Ce qui se traduisait par un degré d'engagement de plus en plus affaibli. Il semblait à tous qu'il leur fallait une éternité pour arriver à quelque chose. Encore là, rien ne semblait jamais être accompli correctement.

Certains conseils d'administration auraient peut-être fait preuve d'une plus grande patience avec une telle équipe de direction, mais pas celui de Synergance. Il y avait trop à perdre, et beaucoup à gagner, pour laisser l'entreprise dépérir à cause de ses jeux de coulisses. Dans la région, la réputation de Synergance était déjà faite. On la considérait comme l'un des endroits où il y avait le plus de jeux de pouvoir et l'un des plus pénibles où travailler. Le conseil ne pouvait tolérer une telle réputation, d'autant plus que l'avenir semblait si aguichant seulement trois ans plus tôt.

Quelqu'un devait en porter la responsabilité. Georges était le plus haut dirigeant. Tout le monde sembla soulagé lorsque le conseil annonça sa décision de l'écarter de ses fonctions.

C'était il y a de cela six semaines, au moment où Valérie fut recrutée.

*

Valérie

Directrice générale

Valérie avait quarante-sept ans. Cette Québécoise n'avait pas de réelle expérience dans le domaine des technologies de l'information d'avant-garde, si ce n'est que d'avoir fait partie du conseil d'administration de GlobTechnoLogic, une importante entreprise de haute technologie de Québec. Elle avait passé la majeure partie de sa carrière à occuper des postes opérationnels au sein d'entreprises traditionnelles, dont la plus connue était un constructeur de machineries agricoles.

Avec sa faible expérience et connaissance en technologie, Valérie ne semblait pas convenir dans le type d'entreprise.

Elle avait commencé sa carrière dans la mode, élevée deux garçons, œuvré comme formatrice pendant quelque temps jusqu'à ce qu'elle se découvre des affinités pour les affaires.

À l'âge de vingt-sept ans, Valérie s'était inscrite à des cours du soir en gestion. Un programme d'une durée de trois ans qu'elle avait terminé un trimestre plus tôt que prévu à l'Université Laval de Québec. Elle avait ensuite travaillé dans le secteur manufacturier pendant douze ans, puis grimpé les échelons jusqu'à la direction générale.

Le fait que Valérie soit une femme ne fut jamais un problème pour l'équipe de direction de Synergance. Deux de ses membres étaient d'ailleurs des femmes. Ayant tiré leur expérience collective du monde en perpétuelle évolution de la haute technologie, la plupart des membres de l'équipe avaient travaillé pour des femmes à un moment ou à un autre de leur carrière.

On ne pouvait tout simplement pas nier le fait que, sur papier,

15

Valérie n'avait pas l'expérience en gestion d'équipe aussi diversifiée. C'était un contraste majeur par rapport aux autres cadres supérieurs de Synergance qui avaient vécu et voyagé un peu partout sur la planète.

Après avoir pris connaissance du curriculum vitae de Valérie, les membres du conseil d'administration s'interrogèrent sur la santé mentale de leur président lorsqu'il avait proposé de l'embaucher. Mais il avait réussi à les persuader.

Premièrement, les membres du conseil avaient cru le président lorsqu'il leur avait dit qu'il était certain que Valérie réussirait. Deuxièmement, il était réputé pour son instinct infaillible lorsqu'il s'agissait de jauger les gens, mis à part le cas de Georges. Il ne ferait certainement pas deux fois la même erreur, avait-il dit.

Plus important encore, bien que personne ne voulût l'accepter, Synergance se trouvait dans une situation très difficile. Le président avait insisté sur le fait que les cadres supérieurs compétents et prêts à accepter le poste, étant donné la mauvaise posture de l'entreprise, ne se bousculaient pas à la porte : « Nous devrions nous considérer chanceux d'avoir reçu la candidature d'un leader du calibre de Valérie. » avait-il plaidé avec succès.

Que cela soit vrai ou non, le président était résolu à embaucher une personne qu'il connaissait et en qui il pouvait avoir confiance. Lorsqu'il avait téléphoné à Valérie pour lui offrir le poste, il ne soupçonnait pas qu'il remettrait en question sa décision à peine quelques semaines plus tard.

*

Personne ne fut plus surpris par cette offre que Valérie. Bien qu'elle connaisse personnellement le président du conseil depuis de nombreuses années, elle n'aurait pu imaginer qu'il la garde en si haute estime.

Leurs relations avaient surtout eu un caractère social, centré sur la famille, l'école et les équipes sportives. Valérie croyait que le président ne connaissait pas grand-chose de sa vie en dehors de son rôle de mère et de formatrice.

En fait, le président du conseil suivait la carrière de Valérie avec intérêt depuis des années, étonné par ses réussites compte tenu d'une formation relativement peu poussée. En moins de cinq ans, elle était devenue directrice générale de l'unique usine de fabrication de machineries agricoles de la région, une coentreprise franco-canadienne. Elle avait occupé ce poste pendant près de dix ans. Elle avait fait de l'entreprise le mouvement coopératif le plus prospère du pays. Même si le président connaissait peu l'industrie agricole, il savait une chose à propos de Valérie qui l'avait persuadé qu'elle était la personne idéale pour régler les problèmes de Synergance.

Elle avait un don exceptionnel pour diriger et mobiliser les équipes.

*

Si les cadres supérieurs de Synergance avaient quelques doutes que ce soit à propos de Valérie lors de l'annonce de son embauche, ils étaient encore plus inquiets par leur nouveau leader après ses deux premières semaines de travail.

Ce n'était pas parce que Valérie avait fait quoi que ce soit de controversé ou de déplacé. C'était plutôt parce qu'elle ne décidait presque rien.

À part une brève réception le jour de son entrée en fonction et des entrevues avec chacun de ses cadres, Valérie avait passé la majeure partie de son temps à parcourir les couloirs, à parler avec les membres du personnel et à assister silencieusement à autant de réunions que son temps le lui permettait. Son geste prêtant le plus à la controverse avait sans doute été la requête qu'elle avait faite auprès de Georges Simoneau afin qu'il continue à animer les réunions hebdomadaires de l'équipe de direction, alors qu'elle se contentait d'écouter et de prendre des notes.

La seule véritable initiative que Valérie avait prise au cours de ces premières semaines avait été d'annoncer une série d'ateliers de deux jours à l'intention des cadres qui se tiendraient au cours des semaines à venir. Comme si elle avait besoin de leur donner encore davantage d'arguments, aucun de ses subordonnés n'arrivait à croire qu'elle aurait l'audace de les faire sortir aussi longtemps du bureau alors qu'il y avait tant de travail à accomplir.

Pour empirer les choses, lorsque quelqu'un avait suggéré un sujet de discussion pour le premier atelier, Valérie l'avait simplement rejeté. Elle avait déjà décidé de son ordre du jour. Même le président du conseil fut surpris, un peu dérouté même, par les premiers rapports qu'il reçut à propos du travail de Valérie. Il arriva à la conclusion que si elle ne faisait pas l'affaire, il devrait probablement partir en même temps qu'elle. Il avait l'intuition que c'était ce qui allait arriver.

*

Après avoir passé deux semaines à étudier son nouveau personnel, Valérie s'était demandée à plusieurs reprises si elle avait eu raison d'accepter ce poste. Elle savait en son for intérieur que bien peu de chose aurait pu l'en dissuader. Elle se sentait fébrile et rien ne l'enthousiasmait plus qu'un défi de cette taille.

Bien qu'il ne fasse aucun doute que Synergance allait représenter un grand défi, cette entreprise lui apparaissait quelque peu différente. Ses cadres étaient d'origines très diversifiées. Ils provenaient aussi de milieux culturels différents. Malgré qu'elle n'ait jamais vraiment eu peur de l'échec, Valérie ne pouvait nier le fait que la perspective de ne pas être à la hauteur des attentes du conseil d'administration l'inquiétait un peu. L'idée d'entacher sa réputation aurait été suffisante pour tracasser la personne la plus sûre d'elle qui soit.

Valérie avait décidé qu'elle ne se laisserait pas intimider par cette diversité culturelle. Elle était persuadée que si le conseil d'administration lui donnait assez de temps et de liberté d'action, elle serait en mesure de redresser la situation chez Synergance.

Le peu d'expérience de Valérie en matière de logiciels ne la tracassait pas. De fait, elle était certaine que cela lui donnait plutôt un avantage. La majeure partie des membres de son équipe semblait presque paralysée par leurs connaissances de la technologie, comme s'ils devaient eux-mêmes assurer la programmation et la conception de tous les produits pour redresser l'entreprise.

Malgré ce que pouvaient laisser sous-entendre ses connaissances techniques limitées, Valérie avait l'impression que sa compréhension des logiciels de l'entreprise et de la technologie était plus que suffisante pour lui permettre de sortir Synergance de sa pénible situation.

Toutefois, elle ignorait à quel point son équipe était mal en point au moment où elle avait pris sa décision. Elle ignorait que les membres de cette équipe lui fourniraient l'occasion de relever un défi inattendu.

CHAPITRE DEUX

Les employés de Synergance faisaient allusion aux membres de la direction comme des vedettes. Personne n'y voyait une équipe. Valérie avait conclu qu'il n'y avait là rien d'accidentel.

En dépit de leur intelligence indéniable, de leur impressionnante formation, le comportement des membres de la direction pendant les réunions était pire que tout ce qu'elle avait vu ailleurs. Bien qu'aucune animosité ne soit apparente et que personne ne se disputait jamais, une tension silencieuse était palpable. Alors, qu'aucune décision n'était prise, les discussions s'éternisaient en longueur et étaient inintéressantes. Il y avait peu échanges. Tout le monde avait l'air d'espérer la fin de chaque réunion.

Cependant, aussi inefficace que soit cette équipe, ses membres semblaient bien intentionnés et capables sur le plan individuel. À quelques exceptions près.

Georges

Ancien DG, directeur du développement de marché

Essentiellement un généraliste qui adorait les voyages et le réseautage, Georges Simoneau, franco ontarien, avait réuni une partie importante des capitaux de lancement de l'entreprise. Il y avait attiré la majorité des cadres actuels. Personne ne pouvait nier son talent en matière de capital de risque et de recrutement. Mais ses aptitudes en gestion étaient toute une autre histoire.

Georges dirigeait les réunions mécaniquement. Il faisait toujours circuler son ordre du jour avant chaque rencontre. Il distribuait ensuite un compte rendu détaillé. À l'inverse de ce qui était courant dans les autres entreprises de haute technologie, ses réunions commençaient généralement à l'heure et n'excédaient jamais la durée prévue. Le fait que rien ne semblait avancer pendant ces réunions ne l'embarrassait apparemment pas.

En dépit de sa rétrogradation, Georges siégeait toujours au conseil d'administration. Au début, Valérie eut peur qu'il lui en veuille d'avoir pris sa place, mais elle avait rapidement conclu que Georges était soulagé d'être libéré de ses responsabilités de gestionnaire. Valérie s'en faisait peu de sa présence au sein du conseil ou de son équipe de direction. Elle avait le sentiment qu'il avait le cœur à la bonne place.

Mireille

Marketing

Le marketing deviendrait une fonction clé chez Synergance. Le conseil avait été enchanté d'accueillir une personne aussi qualifiée que Mireille Martin. Mireille était bien connue en France en tant que génie de la stratégie de mise en marché. Il était fort étonnant qu'elle soit dépourvue de certaines qualités en matière de relations humaines.

Pendant les réunions, elle parlait plus que les autres, lançant à l'occasion une idée brillante, mais se plaignait continuellement du fait que les autres entreprises pour lesquelles elle avait travaillé faisaient mieux les choses que Synergance. Elle se comportait presque comme si elle était une observatrice, pire encore, une victime des circonstances. Même si elle ne se montrait jamais ouvertement en désaccord avec ses pairs, elle roulait régulièrement les yeux avec un air d'écœurement lorsque l'un d'entre eux contestait ses affirmations sur le marketing. Valérie avait conclu que Mireille n'était pas consciente de son attitude. Personne n'agissait intentionnellement ainsi, avait-elle raisonné.

Donc, en dépit du talent et des réalisations de Mireille, Valérie ne trouvait pas si surprenant qu'elle soit la moins populaire du groupe. Exception faite, peut-être, d'Adama.

Adama

Directeur de l'ingénierie

L'un des fondateurs de l'entreprise, Adama Ndiaye, était chez Synergance celui qui se rapprochait le plus de l'inventeur. Il était le créateur du produit vedette de l'entreprise. Les cadres disaient souvent qu'Adama était l'inventeur de la recette miracle. Ce Sénégalais d'origine était détenteur de diplômes du Centre Africain d'Études Supérieures en Gestion de Dakar. Fort d'un parcours jalonné de réussites en tant que chef de projets au sein de deux autres entreprises de hautes technologies, dont une en République Démocratique du Congo et l'autre en Côte d'Ivoire, Adama était considéré comme un incontournable, du moins lorsqu'il s'agissait de capital humain.

Contrairement à Mireille, Adama n'intervenait pas lors des réunions de direction. De fait, il participait exceptionnellement. Il ne refusait pas d'y assister, même Georges n'aurait pas toléré un tel geste de rébellion, mais son ordinateur portable était toujours ouvert. Il semblait passer son temps à vérifier ses courriels ou à faire quelque chose d'autre de plus captivant. Ce n'est que lorsque quelqu'un faisait un énoncé inexact que l'on pouvait compter sur un commentaire de la part d'Adama, un commentaire généralement sarcastique.

Au début, c'était acceptable, parfois même amusant, pour les collègues d'Adama qui semblaient intimidés devant son intelligence. Mais avec le temps, son attitude avait commencé à les énerver. Avec les difficultés qu'avait récemment connues l'entreprise, c'était devenu une source de frustration croissante pour un grand nombre d'entre eux.

Pierre

Directeur des opérations

Pierre Fournier avait été vice-président des opérations pour une importante société d'informatique de Montréal. Malheureusement, de tous les membres de la direction, c'était lui qui avait le rôle le moins bien défini.

Pierre était officiellement le directeur des opérations de l'entreprise, mais c'est uniquement parce qu'il avait exigé ce titre comme condition d'embauche. Georges et le conseil avaient accepté. Ils croyaient qu'il le mériterait de toute façon au cours de la première année si son rendement était égal à ses promesses. Perdre Pierre aurait nui à leur taux de succès.

De tous les membres de la direction, c'est Pierre qui avait été le plus touché par les débuts chancelants de l'entreprise. Étant donné les compétences limitées de Georges à titre de gestionnaire, Pierre avait été embauché afin de mener à bien la croissance de Synergance, ce qui incluait la mise en place d'une infrastructure opérationnelle, l'ouverture de nouveaux bureaux à travers le monde, la supervision des acquisitions et des activités d'intégration de l'entreprise. La plupart de ses responsabilités étaient en ce moment en suspens. Les tâches quotidiennes de Pierre étaient donc peu importantes et démotivantes.

Malgré sa frustration, Pierre ne se plaignait pas ouvertement. Au contraire, il faisait beaucoup d'efforts pour tisser des liens, bien que parfois superficiels, avec chacun de ses collègues qu'il considérait silencieusement inférieurs à lui-même. Bien qu'il n'en ait jamais glissé mot à personne, Pierre avait l'impression qu'il était le seul cadre de l'entreprise qui soit doté des compétences requises pour occuper un poste de cadre supérieur senior.

Thanh

Directrice des services financiers

Le rôle de la directrice des services financiers avait toujours été capital chez Synergance. Il continuerait de l'être tant et aussi longtemps que l'entreprise aurait l'intention de faire un premier appel public à l'épargne. Thanh Thao, cette Vietnamienne diplômée de la National Economics University à Hanoï, savait dans quoi elle s'embarquait lorsqu'elle avait rallié les rangs de l'entreprise. Elle avait joué un rôle clé en soutenant Georges dans ses activités de recherches de capitaux auprès de sociétés financières internationales et d'autres investisseurs.

Thanh était extraordinairement méticuleuse et très fière de sa connaissance de l'industrie. Elle se préoccupait de l'argent de l'entreprise comme s'il avait été le sien. Si le conseil avait donné carte blanche à Georges et à son équipe en matière de dépenses, c'était uniquement parce qu'il savait que Thanh maintiendrait la situation bien en main.

Florin

Ventes

Florin Luca, le directeur des ventes d'origine roumaine, était un vendeur expérimenté, immigré au Canada par amour d'une Québécoise rencontrée en Suisse lors d'un colloque sur les technologies du futur. Il était généralement effacé, jamais grossier, toujours prêt à faire tout ce qu'on lui demandait.

Malheureusement, Florin allait rarement jusqu'au bout de ce qu'il commençait. Il reconnaissait alors d'un air innocent avoir pris un engagement qu'il n'avait pas réussi à respecter. Il se confondait en excuses devant celui ou celle qu'il avait laissé tomber.

En dépit de ce trait de caractère que ses collègues qualifiaient d'agaçant, il avait été capable de conserver leur respect à cause des résultats obtenus antérieurement en Europe et en Afrique. Avant d'entrer chez Synergance, il n'avait jamais manqué d'atteindre ses objectifs trimestriels pendant toute sa carrière dans les ventes.

Paul

Service clientèle

Même si Synergance avait relativement peu de clients, le conseil avait jugé nécessaire que l'entreprise investit tôt dans son service de relations avec la clientèle afin de se préparer à une éventuelle croissance. Paul Lambert, ce Bruxellois d'origine, avait travaillé avec Mireille dans deux autres entreprises. C'est elle qui avait proposé sa candidature. C'était plutôt ironique, tous deux n'auraient pu être plus opposés.

Paul s'exprimait très peu, mais lorsqu'il ouvrait la bouche, il avait toujours quelque chose d'important et de constructif à dire. Il écoutait avec une vive attention durant les réunions, travaillait de longues heures sans se plaindre. Il minimisait l'importance de ses réalisations précédentes chaque fois que quelqu'un lui demandait des détails à ce sujet. S'il y avait une personne simple, en qui l'on pouvait avoir confiance au sein du groupe, c'était bien Paul.

Valérie était contente de ne pas avoir à s'inquiéter au sujet d'au moins un de ses subordonnés, mais elle était quelque peu troublée par le fait que le rôle spécifique de Paul ne fut pas encore entièrement déterminé. Le fait qu'il assumait de bon gré les responsabilités relatives à la qualité des produits et d'autres tâches peu captivantes dont personne d'autre ne se chargeait, cela permettait à Valérie de se concentrer sur des problèmes plus pressants.

Deuxième partie

5 comportements clés pour devenir une équipe de confiance

CHAPITRE TROIS

Cela ressemblait à n'importe quel courriel que Valérie recevait sur une base régulière depuis son entrée en fonction. L'objet du message, *Occasion d'affaires la semaine prochaine*, était on ne peut plus inoffensif, même positif, surtout si l'on considérait qu'il émanait d'Adama, directeur de l'ingénierie toujours sarcastique. Le message lui-même était bref. Les plus nocifs le sont habituellement.

Le fait qu'il n'était adressé à personne en particulier et qu'il était envoyé à tous les membres de l'équipe de direction ne faisait que masquer son potentiel destructeur :

— *Je viens de recevoir un appel d'Express. Ils souhaitent examiner nos produits en prévision d'un éventuel achat au trimestre prochain. Florin et moi, nous irons à leurs bureaux la semaine prochaine. Belle opportunité en perspective. Nous serons de retour mardi au cours de la matinée.*

De plus, puisque Adama avait évité de mentionner le chevauchement de cette visite et de l'atelier qui était prévu à la même date, cela ne faisait qu'empirer la situation aux yeux de Valérie. Il n'avait pas demandé la permission de s'absenter pendant la première journée et la moitié du deuxième volet de ce rassemblement, soit parce qu'il ne l'avait pas jugé nécessaire, soit parce qu'il ne souhaitait pas aborder ce sujet. Valérie avait décidé que la raison importait peu.

Elle résista à la tentation d'éviter un débat avec Adama en lui répondant seulement par un courriel. Ce serait là son premier moment de vérité à titre de directrice générale. Les moments de vérité, elle le savait, ont davantage d'autorité lorsqu'ils sont vécus face à face.

Valérie trouva Adama assis dans son bureau, disposé dans le coin de la pièce, en train de lire son courrier électronique. Il tournait le dos à la porte ouverte, mais elle ne prit pas la peine de frapper :

— *Excusez-moi, Adama*

Valérie attendit qu'Adama se tourne vers elle. Ce qu'il fit sans se hâter :

Je viens de lire votre courriel au sujet d'Express.

Il hocha la tête et elle poursuivit :

C'est une excellente nouvelle. Mais nous devrons remettre ce rendez-vous de quelques jours à cause de l'atelier.

Adama demeura silencieux pendant un moment. Puis, il répondit sans émotion :

— *Je ne crois pas que vous compreniez. Ça pourrait se traduire par une vente. Vous pourriez changer la date…*

Valérie l'interrompit et ajouta d'un ton neutre :

— *Non. Je comprends. Mais je crois que ce client sera encore là la semaine prochaine.*

Peu habitué à ce genre de riposte directe, Adama ne laissa paraître qu'une légère irritation :

— *Si vous vous inquiétez davantage de cet atelier plutôt que d'une vente, je crois que nous avons ici, peut-être, un problème de priorités. Nous devons réaliser des ventes.*

Valérie inspira profondément et sourit pour dissimuler sa frustration :

— *Premièrement, je n'ai qu'une seule priorité en ce moment. Nous devons concilier nos actions en tant qu'équipe ou nous n'arriverons jamais à vendre quoi que ce soit.*

Adama garda le silence. Après cinq secondes embarrassantes, Valérie mit fin à la conversation :

Donc, je vous verrai à l'atelier la semaine prochaine.

Elle allait partir lorsqu'elle se tourna de nouveau vers Adama :

Oh, si vous avez besoin d'aide pour fixer un autre rendez-vous avec Express, faites-le-moi savoir. Je connais Jean Savoie, leur PDG. Il fait partie du conseil d'administration d'Express, comme moi, et il me connaît bien.

Sur ce, elle quitta la pièce. Bien qu'Adama décida de ne pas insister pour le moment, il était loin d'avoir abandonné.

*

Georges s'arrêta au bureau de Valérie le lendemain matin. Il l'invita à déjeuner. Elle avait envisagé de faire des courses ce midi-là. Mais, elle accepta avec plaisir de modifier son emploi du temps pour faire plaisir à l'ancien DG. Le plus vieux restaurant de la région en valait bien un autre lorsqu'il s'agissait d'avoir une conversation difficile, avait-il pensé.

Avant que Georges n'ait pu aborder le sujet dont il souhaitait discuter, Valérie prit le contrôle de la conversation :

— *Georges, je tiens à vous remercier d'avoir animé les réunions de l'équipe de direction au cours des deux dernières semaines. Cela m'a permis de prendre un peu de recul et d'observer leur déroulement.*

Il hocha poliment la tête en acceptant cette marque de reconnaissance modeste, mais sincère. Elle poursuivit :

Après l'atelier de la semaine prochaine, je prendrai la relève. Je veux que vous sachiez que vous ne devriez pas demeurer inactif pendant les réunions. Vous devriez participer au même titre que n'importe quel autre membre de l'équipe.

— *Très bien. Je ne crois pas que ce sera un problème*, acquiesça Georges

Il fit une pause, puis rassembla son courage pour exposer le sujet qui était à l'origine de son invitation à déjeuner. Alignant nerveusement ses ustensiles, il commença :

Justement, j'aimerais vous poser une question à propos de l'atelier.

— *Allez-y*

Valérie s'amusa presque de l'embarras de Georges. Parce qu'elle s'attendait à une question au sujet de sa prise de bec avec Adama, elle était calme et confiante :

— *Hier, en sortant du bureau, j'ai parlé à Adama dans le stationnement.*

Il fit une pause, espérant que Valérie intervienne et fasse progresser la conversation à partir de là.

Elle demeura silencieuse et Georges poursuivi :

Il m'a dit quelque chose à propos du chevauchement de sa rencontre avec Express et de l'atelier.

Georges se tut encore une fois, souhaitant que sa nouvelle patronne lui fasse la grâce de l'interrompre. Ce qu'elle fit cette fois, mais seulement pour l'encourager à continuer :

— *Oui ?*

Après avoir dégluti, Georges dit :

— *Il croit, et franchement je suis d'accord avec lui, qu'une rencontre avec un client est plus importante qu'une rencontre à*

31

l'interne. Par conséquent, si Florin et lui n'assistent pas à l'ensemble de l'atelier, j'estime que tout ira quand même bien.

Valérie choisit soigneusement ses mots :

— *Georges, je comprends votre point de vue. Je n'ai rien contre le fait que vous soyez en désaccord avec moi, d'autant plus que vous m'en faites part directement.*

Georges fut visiblement soulagé, pour le moment :

Cependant, j'ai été embauché pour que cette entreprise obtienne des résultats et ce n'est pas le cas en ce moment.

Georges donna l'impression d'hésiter entre l'humilité et la colère. Valérie clarifia sa position :

— *Je n'essaie pas de critiquer ce que vous avez accompli jusqu'à maintenant. J'ai le sentiment que personne ne se soucie autant de l'entreprise que vous.*

Après avoir ainsi flatté l'ego de Georges, Valérie alla droit au but :

Pour ce qui est du travail d'équipe, nous sommes totalement démunis. Une rencontre avec un client n'aura pas d'impact significatif sur notre avenir, du moins pas avant que nous ayons réglé nos problèmes de travail en équipe et de communication.

Ne connaissant pas très bien Valérie, Georges décida qu'une discussion plus poussée serait vaine. Il hocha la tête, comme pour dire : Très bien, je suppose que vous marquez le point. Ils parlèrent ensuite de tout et de rien. Ils terminèrent le repas rapidement avant de retourner au bureau.

*

Cette conversation avec Georges ne déconcerta pas Valérie. Elle s'attendait à ce que l'incident avec Adama provoque des réactions chez les membres de l'équipe dont elle avait hérité. Elle n'avait pas prévu que le contrecoup viendrait du président du conseil d'administration.

Lorsqu'il la joignit au téléphone chez elle ce soir-là, elle présuma qu'il l'appelait pour lui offrir son soutien :

— *Je viens d'avoir une conversation téléphonique avec Georges,* annonça-t-il d'un ton amical.

— *Vous avez entendu parler de la prise de bec que j'ai eue avec Adama.*

L'humour et la confiance dont fit preuve Valérie poussèrent le président du conseil à adopter un ton plus sérieux :

— *Oui, cela me préoccupe un peu.*

Valérie fut prise de court :

— *Ah oui ?*

— *Écoutez, Valérie, vous savez que je ne veux pas vous imposer votre ligne de conduite, mais peut-être devriez-vous essayer d'établir un rapprochement avec les membres de votre équipe au lieu d'encourager les rancunes.*

Valérie ne répondit pas immédiatement. Bien qu'étonnée par les préoccupations du président du conseil, elle demeura remarquablement calme. Elle adopta aussitôt l'attitude *directrice générale*.

— *Ce que je m'apprête à vous dire n'est pas fondé sur un réflexe de protection ni sur l'insolence.*

— *Je sais cela, Valérie.*

— *Très bien parce que je ne mâcherai pas mes mots... Pas avec vous.*

— *Et je l'apprécie.*

— *Vous changerez peut-être d'avis après avoir entendu ce que j'ai à vous dire.*

Il eut un petit rire forcé :

— *D'accord, je m'assois.*

— *Premièrement, n'allez pas croire que je prends un malin plaisir à allumer des feux. J'ai observé ces gens avec attention au cours des deux dernières semaines. Tout ce que je fais, tout ce que je ferai est réfléchi et intentionnel. Je n'ai pas choqué Adama parce que j'en avais envie.*

— *Je sais, mais c'est que...*

Valérie l'interrompit poliment :

— *Écoutez-moi. C'est important.*

— *D'accord, allez-y.*

— *Tout d'abord, si vous étiez capable de faire ce que je m'apprête à faire, vous n'auriez pas besoin de moi. J'ai raison, n'est-ce pas ?*

— *C'est exact.*

— *Voyez-vous, j'apprécie réellement l'intérêt que vous portez à l'entreprise, que vous me portez. Je sais que vos intentions sont louables à tous points de vue. Mais en ce moment, je dois dire que vos bonnes intentions nuisent à l'entreprise au lieu de l'aider.*

— *Je suis désolé, je ne comprends pas.*

— *Au cours des dix-huit derniers mois vous avez eu de nombreuses interactions avec Georges et le reste de l'équipe, bien plus que n'en a généralement un président de conseil d'administration. Vous avez observé cette équipe devenir progressivement non opérationnelle et sombrer dans le chaos. Puis vous m'avez demandé de vous aider à la sortir de cette stagnation. C'est bien ce que vous voulez ?*

— *Absolument. C'est exactement ce que je veux.*

— *Donc, j'ai une seule question à vous demander. Êtes-vous prêt à subir les conséquences des gestes que je poserai ? Ne me répondez pas tout de suite.*

Elle prononça ces derniers mots au moment où il ouvrait la bouche pour lui répondre :

Pensez-y une seconde...

Elle laissa sa question en suspens avant de continuer :

Cela ne sera pas facile, ni joli, pour l'entreprise, pour les cadres, pour vous et pour moi.

Le président du conseil demeura silencieux, résistant à la tentation de lui dire qu'il était prêt à faire tout ce qui serait nécessaire. Valérie vit dans son silence la permission de poursuivre son petit discours :

Vous avez probablement déjà entendu dire qu'une équipe éclatée est comme une jambe ou un bras fracturé ; la remise en place est toujours douloureuse. Il faut parfois briser l'os à nouveau pour qu'il puisse se ressouder correctement. Cette deuxième fracture est encore plus douloureuse que la première, parce qu'on l'a fait intentionnellement.

Le président du conseil reprit la parole après un autre long silence :

— *D'accord, Valérie, j'ai compris. Faites ce que vous avez à faire. Je ne vous nuirai pas.*

Valérie avait la certitude qu'il disait vrai. Puis il ajouta :

J'ai une dernière question. Jusqu'à quel point allez-vous devoir briser à nouveau cette équipe ?

— *Je devrais être en mesure de vous le dire d'ici la fin du mois.*

Valérie termina l'appel avec quelques papillons dans le ventre. Elle avait confiance en elle. Mais se disait qu'elle aimerait bien échanger avec son coach, Serge, qui l'accompagnait depuis cinq ans. Serge Bouchard, un coach d'affaires expérimenté, était aussi un expert en organisation du travail avec l'approche LEAN. Il lui avait transmis la passion du travail d'équipe ainsi que les principes, concepts et trucs essentiels pour faire cheminer les équipes vers la réussite.

Valérie décida qu'elle l'appellerait le lendemain pour échanger. Eh oui, elle savait qu'elle avait certaines faiblesses dans son approche avec les gens. Parfois, elle adoptait une approche trop directive et pas assez coach. Elle avait besoin des reflets de son coach pour bien commencer son rôle d'agent de changement.

CHAPITRE QUATRE

Valérie avait choisi de rester dans la région pour tenir son atelier parce c'était assez près du bureau pour éviter des déplacements longs et coûteux, mais aussi suffisamment éloigné pour provoquer un sentiment de dépaysement. Même si l'on y avait séjourné à plusieurs reprises, l'endroit semblait toujours inciter au calme.

L'hôtel où aurait lieu la rencontre était un petit établissement réputé pour sa table d'hôte. Valérie l'aimait bien parce que les prix y étaient raisonnables en basse saison. Il offrait une seule salle de conférences, grande et confortable. Cette dernière se trouvait au deuxième étage. Elle donnait sur un balcon surplombant d'immenses vignobles.

La réunion devait commencer à 9 heures. Vers 8 h 45, tout le monde était arrivé, avait enregistré ses bagages à la réception et était assis autour de la table de conférence. Tout le monde, sauf Adama.

Bien que personne n'ait fait allusion à lui, la façon dont tous jetaient régulièrement un coup d'œil à leur montre montrait bien qu'ils se demandaient s'il arriverait à l'heure. Même Valérie paraissait un peu nerveuse.

Elle ne voulait pas que la première activité de la journée se résume à une réprimande pour un retard. Ensuite, pendant une fraction de seconde, elle sentit monter la panique, se demandant ce qu'elle ferait s'il ne se montrait tout simplement pas. Elle ne pouvait tout de même pas le congédier parce qu'il n'assisterait pas à une réunion, n'est-ce pas ?

Lorsque Adama entra dans la salle à 8 h 59, Valérie laissa subrepticement échapper un soupir de soulagement, se reprochant de trop s'inquiéter. Elle se réconforta à l'idée de pouvoir enfin entreprendre ce qu'elle préparait depuis près d'un mois.

*

Adama prit la seule chaise qui restait à une extrémité de la table de réunion, juste en face de Valérie. Aussitôt assis, il retira son ordinateur portable de son étui et le plaça sur la table devant lui, mais sans l'ouvrir.

Déterminée à ne pas se laisser distraire, Valérie esquissa un sourire aux membres de son équipe, s'adressa à eux d'un ton calme et chaleureux :

— *Bonjour tout le monde. J'aimerais commencer la journée en vous disant quelques mots. Ce ne sera pas la dernière fois que je les prononcerai.*

Personne ne se doutait à quel point Valérie était sérieuse en faisant cette remarque :

Notre équipe de direction est plus expérimentée et plus talentueuse que celle de n'importe lequel de nos concurrents. Nous avons davantage de ressources financières qu'eux. Grâce à Adama et à son équipe, nous disposons de la meilleure technologie, nous avons un conseil d'administration dès plus puissant. Malgré tout, nous sommes devancés par deux de nos concurrents en ce qui a trait aux revenus et à la croissance de la clientèle. Y a-t-il quelqu'un ici qui puisse m'expliquer pourquoi il en est ainsi ?

Silence. Valérie poursuivit d'un ton toujours aussi chaleureux :

J'ai discuté avec chacun des membres du conseil. J'ai passé du temps avec chacun d'entre vous, en plus de m'entretenir avec la majorité de nos employés. Je sais maintenant quelle est la nature exacte de notre problème.

Elle fit une pause avant de conclure :

Nous ne nous comportons pas en tant qu'équipe. De fait, nous ne sommes pas vraiment une équipe.

Quelques membres de l'assemblée jetèrent un coup d'œil vers Georges pour voir comment il réagissait. Il ne semblait pas ébranlé, mais Valérie sentit bien qu'il était tendu :

Je ne dis pas cela en pensant à Georges ni à qui que ce soit en particulier. C'est tout simplement un fait. Un fait sur lequel nous nous pencherons au cours des deux prochains jours. Eh oui, je sais que vous trouvez ridicule et incroyable de vous retrouver à l'extérieur du bureau aussi longtemps. À la fin de cet atelier vous comprendrez toute l'importance de cette rencontre.

Je tiens à vous dire tout de suite que Synergance sera le théâtre de certains changements au cours des prochains mois. Il est possible que certains d'entre vous aient alors l'impression que la nouvelle entreprise n'est pas l'endroit où vous souhaitez évoluer. Il ne s'agit pas d'une menace. Je ne songe à personne en particulier. Ce n'est qu'une probabilité réaliste qu'il ne sert à rien de vouloir nier.

Valérie se leva et se dirigea vers le tableau blanc :

Permettez-moi de rassurer ceux d'entre vous qui se demandent à quoi rime tout ça. Nous n'avons ici qu'un seul but : la réussite de l'entreprise.

Je tiens à vous dire qu'une seule raison motive votre présence ici, c'est l'atteinte des objectifs. C'est à mon avis la seule véritable façon de mesurer la valeur d'une équipe. C'est ce sur quoi nous axerons chacune de nos actions aujourd'hui et tant que je serai présente parmi vous.

J'espère que l'an prochain et l'année suivante, nous serons en mesure d'avoir à notre actif une croissance des revenus et de la rentabilité, ainsi que des clients fidèles et satisfaits.

Si le marché est propice, peut-être même un premier appel public à l'épargne. Cependant je peux vous promettre que rien de tout ça n'arrivera si nous ne réglons pas les problèmes qui nous empêchent d'agir en tant qu'équipe.

Valérie fit une pause afin de permettre à tous de bien saisir la simplicité de son message, puis elle poursuivit :

Au fil des ans, je suis arrivée à la conclusion que le succès des équipes dépend de 5 bons comportements clés.

Au cours des deux prochains jours, nous allons décrire ce modèle et traiter de chacun des éléments, un à la fois. Vous verrez immédiatement que tout ceci n'a rien de sorcier. De fait, cela vous paraîtra remarquablement simple sur papier. Le secret de l'efficacité de ce modèle réside dans sa mise en pratique. Tout d'abord, j'aimerais commencer avec le premier bon comportement clé.

Elle se tourna et inscrivit :

Se faire mutuellement confiance, être authentique et transparent.

Les participants lurent l'énoncé silencieusement. La plupart d'entre eux froncèrent les sourcils comme pour dire : « Est-ce là tout ce que nous avons à apprendre ? »

Valérie connaissait bien cette réaction. Elle poursuivit :

Confiance

SE FAIRE MUTUELLEMENT CONFIANCE
ÊTRE AUTHENTIQUE
ET TRANSPARENT

Certaines personnes dans la salle avaient visiblement besoin d'une explication plus élaborée :

Les membres des grandes équipes n'ont pas de secrets les pour les autres, avait ajouté Valérie, ils n'ont pas peur d'étaler leurs problèmes à la vue de tous. Ils reconnaissent leurs erreurs, leurs points faibles et leurs inquiétudes sans craindre les représailles.

La majorité des participants semblèrent accepter ce point, mais sans manifester beaucoup d'enthousiasme. Valérie poursuivit :

Le fait est que, si nous ne nous faisons pas mutuellement confiance, et il me semble que c'est le cas ici, alors nous ne pourrons pas être ce genre d'équipe qui dépasse ses objectifs. C'est sur ce point que nous allons d'abord nous pencher.

*

Tous demeurèrent silencieux, jusqu'à ce que Thanh lève la main. Valérie sourit :

— *Vous n'avez pas à lever la main pour parler. Sentez-vous libre d'intervenir n'importe quand.*

Thanh hocha la tête et posa sa question :

— *Je ne veux pas vous contredire ou paraître négative, mais je me demande seulement pourquoi vous pensez que nous ne nous faisons pas confiance ? Est-il possible que vous ne nous connaissiez pas encore assez ?*

Valérie réfléchit en silence, voulant donner une réponse sérieuse :

— *Mon évaluation est basée sur plusieurs informations, Thanh. Sur des commentaires précis formulés par le conseil, les employés, et même par plusieurs d'entre vous.*

Thanh sembla satisfaite de cette réponse. Valérie décida de poursuivre :

Je dois dire que, mis à part tout ce que j'ai entendu dire, je vois ici un problème de confiance dans l'absence d'échanges véritables qui caractérise les réunions de l'équipe et les autres interactions entre les membres de cette équipe. Je n'aborderai pas ce sujet immédiatement, il fait l'objet d'un autre volet du modèle.

Pierre voulait toutefois en savoir plus :

— *Cela ne veut pas toujours dire qu'il y a une absence de*

confiance, n'est-ce pas ?

C'était davantage une affirmation qu'une question. Tous les participants, incluant Adama et Mireille, semblaient impatients d'entendre la réponse de Valérie :

— *Non, pas nécessairement, je suppose.*

Pierre fut momentanément ravi de constater que son commentaire était juste. Jusqu'à ce que Valérie apporte des précisions :

Théoriquement, si tout le monde est sur la même longueur d'onde et travaille de concert à l'atteinte des mêmes buts sans qu'il y ait confusion, alors je suppose qu'une absence de discussion est peut-être bon signe.

La satisfaction de Pierre fondit. Valérie poursuivit son explication en s'adressant directement à lui :

Je dois dire que toutes les équipes performantes et efficaces que j'ai observées consacraient beaucoup de temps à discuter et à débattre. Même les équipes caractérisées par un fort degré de confiance discutaient beaucoup.

Elle posa ensuite une question à l'ensemble du groupe :

D'après vous, pourquoi y a-t-il si peu de discussions passionnées au sein de ce groupe ?

Personne ne répondit immédiatement, Valérie laissa planer un silence embarrassé. Puis Mireille murmura quelque chose :

Je suis désolée, Mireille, je n'ai pas bien saisi.

Valérie fit de son mieux pour dissimuler son agacement pour les remarques sarcastiques. Mireille répéta, d'une voix plus forte :

— *C'est le temps qui nous manque. Je crois que nous sommes tous trop occupés pour avoir de longues discussions au sujet de problèmes sans importance. Nous sommes débordés de travail.*

Valérie avait l'impression que les autres n'étaient pas nécessairement d'accord avec Mireille. Elle se demanda si quelqu'un aurait le courage de la contredire. Elle était sur le point de le faire lorsque Georges dit, non sans hésitation :

— *Je ne suis pas tout à fait d'accord avec toi, Mireille. Je ne crois pas que ce soit le temps qui nous manque. Je crois que nous nous sentons mal à l'aise à l'idée de nous affronter. J'ignore pourquoi.*

Mireille répliqua rapidement :

— *C'est peut-être parce que nos réunions sont toujours trop structurées et ennuyeuses.*

Georges poursuivit :

— *J'admets que nos réunions sont généralement très ennuyeuses et que l'ordre du jour est habituellement un peu trop chargé. Je pense que nous aurions pu nous remettre davantage en question les uns les autres. Il est clair que nous ne sommes pas toujours d'accord sur tout.*

Pierre ajouta :

— *Je crois que nous ne sommes d'accord sur rien !*

Valérie se joignit à la conversation qui devenait plus animée :

— *Donc, vous êtes en désaccord sur presque tout. Pourtant vous ne semblez pas prêts à admettre que vous avez des problèmes ! Je ne détiens pas un doctorat en psychologie, mais il est évident pour moi que nous avons ici un problème qui relève d'une absence de confiance.*

Quelques-uns manifestèrent leur assentiment d'un signe de tête, une manifestation que Valérie apprécia. Puis un bruit de cliquetis s'éleva dans la pièce. Adama, se désintéressant complètement de la conversation, pianotait sur son clavier. Distraits par le bruit, tous tournèrent les yeux vers lui pendant une fraction de seconde. Cela suffit pour mettre fin à l'élan qu'avait commencé à générer la conversation.

Valérie savourait ce moment, tout comme elle l'avait redouté dès la première réunion à laquelle elle avait assisté. Même si elle tenait à éviter une prise de bec avec Adama si tôt dans la journée, elle n'allait pas laisser filer une telle occasion.

*

La tension commençait à monter dans la salle pendant que Valérie observait Adama en train de taper sur son clavier à l'autre bout de la table. Personne ne croyait vraiment qu'elle réagirait. C'était mal la connaître :

— *Excusez-moi, Adama.*

Adama traita encore quelques données avant de lever les yeux vers sa patronne :

Travaillez-vous à quelque chose en particulier ?

La question était sincère, sans même l'ombre d'un sarcasme. Tous étaient paralysés, attendant anxieusement la réponse à la question qu'ils voulaient lui poser depuis trois ans.

Adama sembla ignorer la question, il dit :

— *En fait, je prends des notes.*

Il recommença à pianoter. Valérie demeura calme et poursuivit d'un ton mesuré :

— *Je crois que le moment est bien choisi pour parler des règles de base qui régiront cet atelier et toutes nos futures réunions.*

Adama leva les yeux de son ordinateur. Valérie continua en s'adressant à l'ensemble du groupe :

Je n'impose pas beaucoup de règles lorsqu'il s'agit de réunions. Mais il y en a quelques-unes sur lesquelles je suis très pointilleuse.

Tout le monde attendait qu'elle poursuive :

Tout d'abord, j'attends deux choses de vous. Que vous soyez présents et que vous participiez. Cela signifie que chacun d'entre vous doit suivre avec attention toutes les discussions.

Même Adama savait quand il convenait de céder un peu. Il posa une question, d'un ton légèrement conciliant que ses pairs n'avaient pas l'habitude d'entendre chez leur directeur de l'ingénierie :

— *Qu'en est-il lorsque le sujet de conversation n'est pas d'intérêt commun ? Parfois, il me semble que nous parlons de problèmes qui pourraient être réglés autrement, notamment en tête à tête.*

— *C'est un bon point.*

Valérie avait maintenant toute l'attention d'Adama :

Lorsque cela se produit, lorsque l'un d'entre vous pense que le groupe perd son temps à traiter de problèmes qui pourraient être réglés ailleurs, alors cette personne devrait se sentir libre de le mentionner.

Adama semblait ravi qu'elle se montre d'accord avec lui. Valérie poursuivit :

Pour ce qui est du reste, je veux que tout le monde participe pleinement. Bien que je comprenne que certaines personnes préfèrent utiliser un ordinateur plutôt qu'un carnet, comme vous

Adama, je trouve que c'est une source de distraction trop importante. Il est facile d'imaginer cette personne en train de lire son courrier électronique ou de travailler à autre chose.

Mireille décida de se porter au secours d'Adama. Une intervention dont il n'avait ni envie ni besoin :

— *Valérie, avec tout le respect que je vous dois, vous n'avez pas beaucoup d'expérience dans le milieu de la haute technologie. L'utilisation de l'ordinateur est chose courante dans les sociétés comme la nôtre. Je veux dire, peut-être pas dans l'industrie agricole, mais...*

Valérie l'interrompit poliment :

— *En fait, c'est très courant dans l'industrie agricole. J'ai eu le même problème là-bas. Il s'agit davantage d'un problème de comportement que d'une particularité propre au domaine de la technologie.*

Georges hocha la tête et sourit comme pour dire : bonne réponse. Sur ce, Adama referma son portable. Plusieurs des membres de l'équipe regardèrent Valérie comme si elle venait tout juste de convaincre un voleur de banque de lui remettre son arme. Si seulement le reste de la journée pouvait se dérouler aussi bien.

*

Valérie savait qu'elle était sur le point d'aborder un volet crucial de l'atelier, un volet qui lui permettrait d'entrevoir la façon dont les choses se dérouleraient au cours des mois à venir. Ce n'est pas par hasard qu'il figurait comme premier véritable exercice à l'ordre du jour :

— *Commençons par ce que j'appelle les histoires personnelles.*

Valérie expliqua que chacun devrait répondre à cinq questions personnelles, non indiscrètes, à propos de son historique personnel. Elle acheva la liste de ses directives avec un avertissement que même Adama sembla apprécier :

Rappelez-vous que je veux vous entendre parler de votre enfance, non de votre moi intérieur.

Un après l'autre, les cadres de Synergance répondirent aux questions : la ville natale, le nombre de frères et sœurs, les loisirs préférés pendant l'enfance, le plus grand défi pendant l'adolescence, et le premier emploi.

Les réponses contenaient souvent des bijoux que seuls

quelques-uns des autres membres connaissaient.

Paul était l'aîné de neuf enfants. Mireille avait étudié le ballet à Paris. Georges avait été préposé aux bâtons pour les Expos de Montréal. Adama avait passé la majeure partie de son enfance en Inde. Florin avait un jumeau identique. Thanh était née sur une base militaire.

Pour ce qui est de Valérie, son équipe fut surprise et impressionnée d'apprendre qu'elle avait fait partie de l'équipe olympique de volley-ball.

C'était plutôt stupéfiant. Après seulement quarante-cinq minutes de confidences extrêmement anodines, l'équipe paraissait davantage soudée. Ses membres plus à l'aise les uns avec les autres qu'ils ne l'avaient été depuis son arrivée. Valérie savait pertinemment que cette euphorie diminuerait dès que la conversation serait de nouveau axée sur le travail.

CHAPITRE CINQ

Au retour d'une brève pause, il était clair que les membres de l'équipe avaient déjà perdu un peu de l'enthousiasme généré par la séance matinale. Jusqu'au repas du midi, ils révisèrent leurs types de personnalité grâce au test qu'ils avaient effectués avant leur arrivée à l'atelier. L'indicateur typologique de Myers-Briggs® et ses 16 types de personnalité.

Valérie fut agréablement surprise d'entendre tout le monde, même Adama, participé activement à cette discussion. Tout le monde aime apprendre sur soi-même et parler de soi, avant que ne surgissent les critiques, il va sans dire. C'est ce qui allait bientôt arriver.

Valérie estima le moment mal choisi pour passer à la phase suivante, étant donné le degré de fatigue de chacun. Elle leur laissa quelques heures de liberté pour leur permettre de consulter leur courrier électronique, de faire un peu d'exercice et de vaquer aux occupations de leur choix. Valérie savait que la prochaine séance se poursuivrait tard dans la soirée. Elle ne voulait pas qu'ils s'épuisent trop tôt.

Adama passa la majeure partie de cette pause à lire ses courriels dans sa chambre. Pierre, Georges, Paul et Florin jouèrent à la pétanque sur le terrain aménagé près de l'hôtel. Valérie et Thanh se retrouvèrent dans le hall d'entrée pour discuter des budgets. Mireille s'installa au bord de la rivière et lu un roman.

Lorsqu'ils se réunirent à nouveau, Valérie fut ravie de les voir reprendre la conversation là où ils l'avaient laissée. Maintenant, ils connaissaient mutuellement leur style interpersonnel au travail. Ils discutaient des impacts sur leur équipe de l'introversion, de l'extraversion et des autres traits de personnalité. Ils commençaient à s'ouvrir.

Ils mangèrent de la pizza et burent de la bière, ce qui donna à la situation un caractère moins menaçant. Soudain, Paul se mit à taquiner Thanh pour son côté trop analytique pendant que Georges mit Florin en boîte en le comparant à une girouette. Même Adama réagit bien lorsque Pierre le qualifia d'introverti enragé.

Personne autour de la table ne semblait déconcerté par les taquineries qui allaient bon train, exception faite de Mireille. Ce n'est pas qu'elle acceptait mal leurs plaisanteries. C'était pire. Absolument personne ne la taquinait. De fait, ils ne firent aucun commentaire à son sujet et, comme on pouvait s'y attendre, elle n'en fit elle-même pratiquement aucun.

Valérie souhaitait l'intégrer au processus car tout se déroulait bien mieux qu'elle ne l'espérait. Les membres de l'équipe semblaient disposés à parler de certains des comportements nuisibles que Valérie avait observés pendant leurs réunions. Il était inutile de créer une controverse dès la première soirée, surtout après avoir déjà croisé le fer avec Adama.

Il arrive parfois que les choses échappent à tout contrôle. Mireille avait elle-même ouvert la porte à la divulgation de ses propres problèmes. Lorsque Pierre fit remarquer qu'il trouvait les descriptions de personnalité étonnamment précises et utiles, Mireille fit ce qu'elle faisait si souvent durant leurs réunions, elle roula des yeux.

Valérie était sur le point d'attirer son attention sur ce comportement lorsque Pierre intervint :

— *Qu'est-ce que ça veut dire ?*

Mireille réagit comme si elle ignorait ce à quoi il faisait allusion :

— *Quoi ?*

Pierre la taquinait plus qu'autre chose. Il était manifestement un peu agacé :

— *Allons. Tu as roulé des yeux. Est-ce que j'ai dit quelque chose de stupide ?*

Elle continua à feindre l'ignorance :

— *Non, je n'ai rien dit !*

C'est alors que Thanh prit la parole, gentiment :

— *Il n'était pas nécessaire que tu dises quoi que ce soit, Mireille. Tout était dans l'expression de ton visage.*

Thanh voulait désamorcer la situation en aidant Mireille à reconnaître les faits sans perdre la face :

Je crois que c'est quelque chose que tu fais sans même t'en rendre compte.

Mireille ne saisit pas la perche qui lui était tendue. Elle commençait même à se mettre sur la défensive :

— *Je ne sais vraiment pas de quoi tu veux parler.*

Pierre ne put se contenir davantage :

— *Allons. Tu fais ça tout le temps. C'est comme si tu pensais que nous sommes tous des imbéciles.*

Valérie ne pouvait nier à quel point elle était satisfaite que certains sujets remontent à la surface. Elle prit une bouchée et continua d'observer la scène, résistant à la tentation d'instaurer une paix artificielle.

Sans prévenir, Mireille dit :

— *Écoutez-moi bien. Tout ce jargon me laisse indifférente. Je ne crois pas que nos concurrents soient actuellement assis autour d'une table, dans un hôtel, en train de discuter de leurs états d'âmes ou de leur perception du monde.*

Tous furent pris de court par cette remise en question de l'ensemble du processus, qu'ils semblaient d'ailleurs apprécier. Ils tournèrent les yeux vers Valérie pour voir comment elle réagirait.

Adama la devança et dit :

— *Oui, tu as raison.*

Ses compagnons étaient choqués par le commentaire d'Adama, qui semblait pourtant bien engagé dans le processus et qui défendait soudain Mireille jusqu'à ce qu'il ajoute :

Ils sont probablement à fêter leurs succès. Eux !

Si quelqu'un d'autre avait prononcé ces paroles, tous auraient ri. Mais venant d'Adama, et adressé à Mireille avec son accent sec et sarcastique, le commentaire les avait plutôt fait rire jaune.

Pendant un moment, Valérie pensa que sa directrice du marketing quitterait la salle. Cela aurait peut-être mieux valu. Au cours des quatre-vingt-dix minutes qui suivirent, Mireille n'ouvrit pas la bouche et bouda pendant que le groupe poursuivait sa discussion.

Par la suite, la conversation dévia naturellement vers des sujets davantage reliés au travail. Thanh interrompit la discussion et demanda à Valérie :

— *Est-ce que nous nous éloignons du sujet ?*

Valérie secoua la tête :

— *Non, je crois qu'il est bon que nous nous penchions sur nos problèmes opérationnels pendant que nous parlons de* comportements. Cela nous donne l'occasion de voir comment nous mettons tout ça en pratique.

Même si elle était satisfaite de l'interaction qui s'installait parmi les membres de l'équipe, elle ne pouvait ignorer le fait que le comportement de Mireille en disait long sur son incapacité à faire confiance et à interagir avec ses coéquipiers.

*

Valérie mit fin à la séance peu après vingt et une heures. À part Thanh et Pierre qui venaient d'entamer une discussion animée à propos des budgets, les membres de l'équipe allèrent se coucher. Les chambres de Mireille et Valérie se trouvaient près de la rivière. Alors qu'elles se dirigeaient vers elles, Valérie décida de voir dans quelle mesure elle pourrait accomplir quelques progrès avec Mireille.

Valérie dit doucement :

— *Ça va ?*

— *Très bien.*

Mireille ne mentait pas très bien :

— *Je sais que c'est un processus difficile. Vous avez peut-être l'impression qu'ils ont été un peu rudes avec vous.*

— *Un peu ? Écoutez, je ne permets à personne de rire de moi à la maison, alors encore moins au travail ! Ces personnes-là ne savent absolument pas comment assurer la réussite d'une entreprise.*

Valérie fut trop déroutée par cette réponse pour réagir. Après un moment, elle dit :

— *Nous pourrons en reparler demain. Je crois que les autres ont besoin de savoir ce que vous pensez.*

— *Oh ! je ne dirai pas un mot demain.*

Valérie essaya de ne pas trop réagir au commentaire de Mireille qu'elle attribuait davantage à ses émotions du moment qu'à toute autre chose :

— *Je crois que vous vous sentirez mieux demain matin.*

— *Non, je suis sérieuse. Je ne leur adresserai pas la parole.*

Valérie décida de ne pas insister :

— *Alors, dormez bien.*

Elles étaient devant la porte de leurs chambres respectives. Mireille mit fin à la conversation avec un rire sarcastique :

— *Ne vous en faites pas.*

CHAPITRE SIX

Il n'y avait que Valérie et Thanh dans la salle de conférences lorsque Mireille y fit son entrée le lendemain matin. Elle semblait enthousiaste et peu remuée par les événements de la veille, ce qui fut une surprise agréable pour Valérie.

Après l'arrivée des autres membres de l'équipe, Valérie donna le coup d'envoi de la séance avec une version abrégée de son premier discours :

— *Bon, avant de commencer, je crois qu'il est bon que nous nous rappelions pourquoi nous sommes ici. Nous avons davantage de ressources financières, de cadres expérimentés, une meilleure technologie et plus de relations internationales que n'importe lequel de nos concurrents. Pourtant, au moins deux d'entre eux nous dament le pion sur le marché. Notre travail consiste à accroître les revenus, la rentabilité, l'acquisition et la fidélisation de la clientèle. Peut-être même à nous positionner pour un premier appel public à l'épargne. Mais rien de tout ceci n'arrivera si nous ne travaillons pas en équipe.*

Elle fit une pause, surprise de l'attention avec laquelle ses subordonnés l'écoutaient. On aurait dit qu'ils entendaient ces mots pour la première fois :

Des questions ?

Un certain nombre d'entre eux secoua la tête comme pour dire. « Pas de questions. Commençons dès maintenant. » C'est du moins ainsi que Valérie interpréta leur réaction. Le groupe révisa les sujets dont il avait été question la veille. Puis après une heure, l'intérêt d'Adama et de Pierre diminua. Florin devenait un peu plus distrait à chaque fois que son téléphone portable vibrait sans qu'il puisse y répondre.

Valérie décida de se pencher sur leurs préoccupations avant qu'ils se remettent à discuter entre eux :

Vous commencez probablement à vous demander : n'avons-nous pas vu tout ça hier ? Je sais que c'est répétitif. Nous n'assimilerons pas ces notions si nous ne comprenons pas pleinement la façon de les mettre en pratique.

Pendant encore une heure, le groupe discuta de l'impact de leurs styles respectifs, et des occasions et défis collectifs que ces informations apportaient. Mireille fit peu de commentaires, chaque fois qu'elle ouvrait la bouche, le rythme de la conversation ralentissait beaucoup. Adama était également peu loquace. Il semblait tout de même attentif et suivait la conservation.

Au milieu de la matinée, ils terminèrent la révision des styles interpersonnels et des comportements d'une équipe. C'est alors que Valérie décida de présenter l'exercice le plus important de la journée, une activité qu'elle associerait plus tard à un moment de vérité pour Mireille et le reste du groupe.

*

Se postant de nouveau devant le tableau blanc, Valérie expliqua :

— *Rappelez-vous que le travail d'équipe commence par des relations de confiance. La seule façon d'établir de telles relations est d'être transparent et authentique.*

Elle inscrivit les mots, *transparent et authentique*, sur le tableau blanc :

Par conséquent, nous allons faire preuve de transparence et d'authenticité ce matin.

Puis elle demanda à tous de prendre cinq minutes pour réfléchir à ce qu'ils estimaient être leur point le plus fort et leur point le plus faible relativement à leur contribution à la réussite ou à l'échec de Synergance :

Je ne veux pas que vous me parliez de points faibles généraux. Je ne veux pas que vous atténuiez vos points forts parce que vous êtes trop modestes ou trop embarrassés pour nous parler de ce que vous croyez être réellement votre force. Prenez cet exercice simple très au sérieux. Acceptez de vous dévoiler.

Lorsqu'elle constata que tout le monde avait cessé de prendre des notes, Valérie donna le coup d'envoi à la discussion :

Bon, je commence.

Elle jeta un bref coup d'œil à ses notes :

Je crois que mon point le plus fort, du moins celui qui aura le plus d'impact sur notre réussite, est mon habileté à aller droit à l'essentiel. J'ai une façon bien à moi d'éliminer les détails inutiles, ce qui devrait nous faire gagner beaucoup de temps.

Elle fit une pause avant de continuer :

Mon point le plus faible, c'est que je ne suis pas la meilleure porte-parole du monde. De fait, je n'excelle pas du tout dans ce domaine. J'ai tendance à minimiser l'importance des relations publiques. Je ne suis pas une oratrice talentueuse lorsque je me retrouve devant un vaste auditoire ou pire encore, devant des caméras de télévision. J'aurai besoin d'aide à cet égard.

Tout le monde prit des notes à l'exception de Florin et de Mireille. Cela plut à Valérie :

Bon, à qui le tour ?

Personne ne se porta immédiatement volontaire. Tous regardaient autour d'eux, certains espérant que l'un des leurs prendrait la parole. Finalement, Pierre brisa la glace :

— *J'y vais. Bon, laissez-moi voir.*

Il révisa ses notes :

Mon point le plus fort est mon assurance lorsque vient le moment de négocier et de traiter avec d'autres entreprises, qu'il s'agisse de partenaires, de fournisseurs ou de concurrents. Je n'ai aucun problème à les amener à en faire plus qu'elles ne le veulent. Mon point le plus faible, toutefois, c'est que je passe parfois pour une personne arrogante.

Quelques-uns de ses coéquipiers laissèrent échapper un sourire.

Il sourit aussi et continua :

Oui, j'avais déjà ce problème au collège, et probablement avant. Je peux me montrer sarcastique et même brusque. Parfois je donne l'impression de me croire plus intelligent que tout le monde. C'est de temps à autre approprié, je suppose, si je traite avec un fournisseur, mais cela vous énerve peut-être un peu. Je ne crois pas que cela puisse nous aider à atteindre notre objectif.

Il y eut plusieurs hochements de tête autour de la table.

Valérie était impressionnée par honnêteté des remarques de Pierre. Elle était heureuse qu'il ait parlé le premier :

— *Bien. C'est exactement le genre de remarques que je souhaite entendre. Qui est le suivant ?*

Thanh se porta volontaire, parla de sa capacité d'organisation et de sa minutie comme de ses points forts. Tous s'empressèrent d'acquiescer. Elle admit ensuite être plus conservatrice en matière de finances que ne devrait l'être tout directeur financier d'une entreprise en démarrage. Elle expliqua que c'était le résultat de sa formation dans de grandes entreprises et du fait qu'elle estimait que ses pairs ne se préoccupaient pas assez de la gestion des dépenses :

— *Aussi, je ne vous aide probablement pas à trouver des solutions pour vous aider à réduire vos dépenses en exerçant autant de contrôle.*

Paul lui assura que le reste du groupe pourrait sans doute faire quelques efforts.

Georges prit ensuite la parole. Il tenta tant bien que mal de minimiser son extraordinaire talent en matière de réseautage et son habileté à établir des partenariats avec des investisseurs et d'autres entreprises.

Thanh ne l'entendit pas ainsi :

— *Voyons, Georges ! si nous avons réussi une chose, c'est bien de réunir des tonnes de capitaux et d'attirer des investisseurs. Ne sous-estime pas le rôle que tu y as joué.*

Georges accepta à contrecœur cette amicale rebuffade, puis il estomaqua tout le monde en avouant son point faible :

— *L'échec me fait très peur. J'ai tendance à me protéger et tout faire moi-même ce qui, ironiquement, ne fait qu'augmenter le risque d'échouer pour moi.*

Pendant un très bref moment, Georges sembla lutter contre un déferlement d'émotions, puis il se ressaisit vite. Il était persuadé que cela était passé inaperçu :

Je crois que c'est probablement la principale raison pour laquelle nous n'avons pas réussi, et que je ne suis plus le directeur général de l'entreprise.

Il fit une pause, puis ajouta rapidement :

Ce qui ne m'ennuie pas, je vous assure. De fait, je suis presque heureux de ne plus occuper ce poste.

Le groupe sourit en guise d'appui.

Valérie n'arriva pas à croire que les trois premiers volontaires s'étaient aussi bien débrouillés. Pendant un instant, elle caressa l'espoir que la suite se déroulerait dans la même veine et que la journée serait un succès monstre.

Puis Mireille prit la parole :

— *Bon, c'est à mon tour.*

Contrairement à ses pairs qui l'avaient précédée, Mireille garda les yeux rivés à ses notes pendant la quasi-totalité de son intervention :

Mon point le plus fort est ma compréhension du marketing de la technologie, ma capacité à communiquer avec les analystes et les médias. Mon point le plus faible est mon manque de compétence en gestion financière.

Silence. Pas de commentaire. Pas de question. Rien.

À l'instar de Valérie, presque tous les participants oscillaient entre deux émotions. Ils étaient soulagés que Mireille ait terminé et déçus par la nature superficielle de ses révélations. Valérie jugea que le moment était mal choisi pour obliger sa directrice du marketing à se montrer plus authentique.

Mireille devait le faire elle-même.

Le silence s'éternisait. Les membres du groupe priaient silencieusement que quelqu'un le brisa.

Paul mit fin à leur supplice :

— *Voilà, je me lance.*

Faisant de son mieux, il parla de son aptitude à assurer le suivi des opérations d'un projet comme de son point le plus fort. De la négligence dont il faisait preuve pour tenir les autres au courant de ses progrès comme de son point le plus faible.

Lorsqu'il se tut, Thanh dit :

— *Paul, je crois que tu te trompes du tout au tout.*

Valérie, ignorant que Paul et Thanh étaient des amis intimes, fut surprise par le caractère direct de sa remarque. Thanh poursuivit :

Premièrement, consciencieux comme tu l'es, ton empressement à accomplir des tâches rébarbatives sans rechigner est ton point fort. C'est terrible à dire, mais je ne sais pas ce qui arriverait si tu ne nous tirais pas constamment d'affaire.

Un murmure d'assentiment s'éleva autour de la table :

Pour ce qui est de ton point faible, je crois que tu pourrais davantage dévoiler tes pensées. Tu es trop réservé.

Tous semblaient être dans l'attente de la réaction de Paul. Il se

57

contenta de hocher la tête et de prendre une note.

Florin se porta ensuite volontaire en déclarant :

— *De toute évidence, mon point le plus fort est mon aptitude à assurer la continuation d'un projet et l'attention que je porte aux détails.*

Tous éclatèrent de rire. Le calme revenu, Florin poursuivi :

Sérieusement, je suis assez doué pour établir de solides relations interpersonnelles avec les clients. De fait, j'excelle dans ce domaine.

Il parla avec suffisamment de modestie pour que tous apprécient son affirmation :

Par contre, si je n'estime pas qu'une chose est de la plus haute importance, c'est-à-dire qu'elle ne contribuera pas directement à la conclusion d'une affaire, il m'arrive parfois de m'en désintéresser.

— *Parfois ?* Demanda Pierre.

D'énormes éclats de rire se firent encore entendre. Florin rougi :

— *Je sais, je sais. Je n'arrive tout simplement pas à respecter ma liste de choses à faire. J'ignore pour quelle raison... Je crois que cela nuit à l'équipe.*

Seul Adama n'avait pas encore parlé :

— *Bon, je crois que c'est à moi.*

Il respira à fond :

Je déteste parler de moi-même ainsi. Mais s'il le faut je dirais que je suis doué pour la résolution de problèmes et l'analyse, enfin des points de ce genre. Par contre, je n'ai aucun talent pour communiquer avec les êtres humains.

Il fit une pause :

Ce n'est pas que j'en sois incapable. Mais je préfère les gens qui ne sont pas sensibles. J'aime avoir des conversations sur un plan purement intellectuel sans avoir à me préoccuper des sentiments de mon interlocuteur ou de choses comme ça. Est-ce que cela a du sens ?

— *Certainement, dit Georges, le problème, c'est que les gens ont parfois le sentiment que tu ne les aimes pas ou que tu estimes qu'ils te font perdre ton temps.*

Adama semblait déçu par la remarque de Georges :

— *Non, tu n'y es pas du tout. Ce n'est pas ce que je voulais dire. Zut ! ça va mal. Ce n'est absolument pas ce que je voulais dire. Mais je suppose que ça peut donner cette impression. Je ne sais pas comment y remédier.*

Pour la première fois de la matinée, Mireille acquiesça, souriante :

— *Des années de psychothérapie, mon ami. Même alors, tu n'arriverais probablement pas à changer. Tu n'es qu'un salaud arrogant. N'est-ce pas le cas de tous les ingénieurs ?*

Mireille rit. Personne ne l'imita.

Valérie se reprocherait plus tard de ne pas être intervenue après la remarque de Mireille. Une remarque qu'elle avait attribuée à son manque flagrant d'intelligence émotionnelle. Quoi qu'il en soit, elle était maintenant certaine que le comportement de Mireille avait un impact bien réel sur le reste du groupe.

Chapitre sept

Après la pause, lorsque tous les participants reprirent leur place autour de la table, Valérie annonça un changement de programme :

— *Nous allons maintenant passer directement au dernier bon comportement clé. Mais nous reviendrons souvent à ces sujets que sont la peur d'être transparent et authentique ainsi que l'importance de la confiance, au cours du mois à venir.*

Tous supposèrent qu'elle s'adressait à Mireille. Aucun, d'entre eux, ne se doutait qu'un autre membre de l'équipe opposerait autant de résistance qu'elle.

Valérie se dirigea une fois de plus vers le tableau blanc et y inscrivit la phrase :

Se concentrer sur l'atteinte des objectifs collectifs et être fiers de réussir ensemble.

Nous allons maintenant discuter de l'ultime bon comportement à adopter : privilégier les objectifs à atteindre, plutôt que de chercher la reconnaissance individuelle. Quand je parle d'objectifs collectifs, je parle des buts que l'équipe entière se propose d'atteindre.

Pierre demanda :

— *Est-ce qu'il est question ici d'ego ?*

— *Je suppose qu'il y joue un rôle,* acquiesça Valérie, *je ne dis pas qu'il n'y a pas de place pour l'ego au sein d'une équipe. Il s'agit de faire en sorte que l'ego collectif soit plus fort que l'ego individuel.*

— *Je ne suis pas sûr de bien saisir ce lien entre l'ego et les objectifs,* dit Georges.

— *Lorsque chacun canalise ses efforts afin de dépasser les objectifs et se sert des résultats de l'équipe pour définir le succès, l'ego peut difficilement prendre le dessus. Peu importe la satisfaction qu'éprouve l'un des membres de l'équipe à l'égard de sa situation, si l'équipe perd, tout le monde perd.*

Objectifs

SE CONCENTRER SUR L'ATTEINTE
DES OBJECTIFS COLLECTIFS ET
ÊTRE FIERS DE RÉUSSIR ENSEMBLE.

Valérie constata que certains de ses subordonnés étaient perplexes. Elle décida d'adopter une autre approche :

Je vous ai dit hier que mon mari était entraîneur. Son travail est toujours axé sur l'équipe. Aussi bonnes que soient ses équipes, peu des jeunes qui en font partie vont atteindre le niveau élite parce qu'ils n'ont pas de véritable talent. Ils gagnent parce qu'ils jouent en équipe, cela leur permet habituellement de battre des groupes de joueurs plus grands, plus rapides et plus talentueux.

De temps en temps, mon mari se retrouve avec un joueur qui ne se soucie pas vraiment d'atteindre les objectifs, ou du moins pas ceux de l'équipe. Je me rappelle un jeune garçon qui, il y a quelques années, ne s'intéressait qu'à ses propres statistiques et à la reconnaissance de son mérite personnel : participation à l'équipe nationale, photographie dans les journaux, ce genre de choses. Étrangement, si l'équipe perdait, il était tout de même de bonne humeur à condition d'avoir marqué des points. Lorsque l'équipe gagnait, il était mécontent s'il n'avait pas marqué un but.

Curieuse, Thanh demanda :

— *Qu'est-ce que votre mari a fait ?*

Valérie sourit, impatiente de leur en dire plus à propos de son mari :

— *C'est ce qui est intéressant. Cet enfant était sans aucun doute l'un des joueurs les plus talentueux du groupe. Mais mon mari l'a exclu du jeu. L'équipe jouait mieux sans lui. Il a finalement abandonné.*

— *Sévère,* remarqua Florin.

— *Oui, mais il est revenu l'année suivante avec une **attitude** très différente. Il a joué ensuite avec l'équipe universitaire. Il vous dirait maintenant que cela a été l'année la plus importante de sa vie.*

Thanh était encore curieuse :

— *Croyez-vous que la plupart des gens peuvent changer ainsi ?*

Valérie n'hésita pas :

— *Non. Pour chaque enfant tel que celui-ci, il y en a dix qui ne changeront jamais. Aussi sévère qu'il puisse paraître, mon mari* dit toujours que son travail est de créer la meilleure équipe possible, non de veiller à la carrière individuelle des athlètes. C'est du même œil que je vois mon travail.

Georges posa alors une question au groupe :

— Y a-t-il quelqu'un parmi vous qui avez déjà fait un sport d'équipe à l'adolescence ?

Valérie songea à interrompre le sondage de Georges afin de maintenir la discussion dans l'axe qu'elle avait planifié. Puis décida que cette petite conversation inattendue serait probablement aussi valable qu'une autre, tant et aussi longtemps qu'elle avait un lien avec le travail d'équipe.

Georges procéda à un tour de table, donnant à chacun l'occasion de répondre à sa question.

Pierre dit qu'il avait joué au baseball au collège.

Paul avait toujours été attaquant dans les sports d'équipe.

Adama annonça qu'il avait joué au soccer.

Mireille dit qu'elle faisait de la course à pied et Pierre souligna :

— Mais c'est un sport individuel...

Elle l'interrompit adroitement :

— Je faisais partie de l'équipe de relais.

Valérie rappela à tout le monde qu'elle jouait au volley-ball.

Thanh dit qu'elle était meneuse de claques et membre de la troupe de danseurs de son école :

— Si quelqu'un ici croit que ces groupes ne sont pas des équipes, je réduirai votre budget de moitié.

Ils éclatèrent de rire.

Georges avoua son absence d'aptitudes sportives :

— Voyez-vous, je ne comprends pas pourquoi tout le monde pense que le sport est la seule manière d'apprendre à travailler en équipe. Je n'ai jamais été très sportif, même enfant. Je faisais partie d'un orchestre à l'école puis au collège. Je crois que c'est là que j'ai compris ce qu'était le travail d'équipe.

Valérie de renchérir :

— Bon point Georges ! On apprend à travailler en équipe dans tous les domaines de notre vie, dans toutes les activités qui *nécessitent qu'un groupe de gens évolue ensemble. Je l'ai appris autant avec mes enfants qu'avec mes amis, mes collègues et à l'intérieur de mes implications sociales. Il y a une raison pour laquelle les sports nous viennent spontanément à l'esprit lorsqu'il s'agit d'équipe.*

Valérie voulait donner à ses collègues une chance de répondre sans aide à la question suivante : « Quelqu'un connaît-il cette raison ? »

Valérie souhaita que si elle patientait un moment, quelqu'un finisse par proposer une réponse. Cette fois, c'était Adama :

— *Le pointage !*

Comme d'habitude, Adama n'avait pas mis sa réponse en contexte :

— *Pourrais-tu nous en dire plus ?* Demanda Valérie. Donnant ainsi la chance à Adama de bien expliquer sa réponse :

— *Dans la majorité des sports, il y a un pointage à la fin du jeu qui détermine les gagnants et les perdants. Cela laisse peu de place à l'ambiguïté et à l'interprétation, si vous voyez ce que je veux dire.*

Il y eut des hochements de tête approbatifs tout autour de la table :

— *Attends une seconde,* dit Florin, *es-tu en train de dire que les athlètes n'ont pas d'ego ?*

Adama sembla pris de court. Valérie intervint :

— *Ils ont un ego énorme. Mais l'ego des grands athlètes est habituellement lié à un objectif précis la victoire. Ils veulent seulement gagner. Pour eux, c'est plus important que de faire partie d'une équipe d'étoiles, que d'avoir leur photo sur une boîte de céréales et, oui, que de gagner beaucoup d'argent.*

— *Je ne crois pas qu'il existe encore beaucoup d'équipes de ce genre, du moins dans le sport professionnel,* déclara Pierre.

Valérie sourit :

— *C'est ce qui est formidable. Les équipes qui comprennent cela jouissent d'un avantage considérable parce que la majorité de leurs adversaires ne sont qu'une bande d'individus qui ne pensent qu'à eux.*

Mireille l'air de s'ennuyer un peu :

— Qu'est-ce que cela a à voir avec une société de services et d'ingénierie en informatique ?

Encore une fois, Mireille mit un frein à la conversation. Valérie voulait faire de son mieux pour l'encourager, même si elle commençait à douter d'éventuels résultats positifs :

— C'est une autre bonne question. Cela nous touche précisément. Voyez-vous, nous allons accorder autant d'importance à atteindre nos objectifs collectifs qu'à la marque finale lors d'un match de soccer. Nous ne laisserons aucune place à l'interprétation lorsqu'il s'agira de notre réussite, cela ne ferait qu'ouvrir la porte à l'ego individuel.

— N'avons-nous pas déjà un tableau de bord ? insista Mireille.

— Vous parlez de celui des profits ? Demanda Valérie.

Mireille hocha la tête comme pour dire : « Quoi d'autre ? »

Valérie poursuivit patiemment :

— Les profits en font certainement partie. Je fais plutôt référence aux objectifs à court terme. Si vous laissez le profit devenir votre seul guide en matière d'indicateurs, vous ne pourrez évaluer le rendement de l'équipe que vers la fin de la saison.

— Je n'y comprends plus rien, admit Paul. *Les profits ne sont-ils pas le seul objectif qui compte ?*

Valérie sourit :

— Oui, je vois que mon approche est trop théorique. Permettez-moi de vous exposer mon point de vue en termes simples. Notre travail consistera à atteindre des objectifs qui seront tellement clairs dans l'esprit de toute l'équipe que personne ne songera à poser un geste uniquement pour rehausser son statut ou son ego individuel. Tout simplement parce que cela nous rendrait moins aptes à atteindre nos buts collectifs. Nous perdrions tous.

Sentant que ses paroles commençaient à porter ses fruits, Valérie décida de poursuivre :

Le secret consiste à définir nos buts, nos objectifs, à les formuler de façon suffisamment simple pour qu'ils soient faciles à comprendre, suffisamment spécifiques pour qu'ils aient une valeur décisionnelle. Les profits n'en ont pas suffisamment. Nos objectifs doivent être plus étroitement reliés à ce que nous accomplissons sur une base quotidienne. À cette fin, voyons si nous pouvons proposer quelques bonnes idées dès maintenant.

CHAPITRE HUIT

Valérie forma alors de petits groupes de deux ou trois participants. Elle demanda à chacun de proposer une liste d'objectifs qui pourraient être inscrits au **tableau de bord de l'équipe** :

— Ne quantifiez aucun des objectifs pour le moment ; contentez-vous de les proposer.

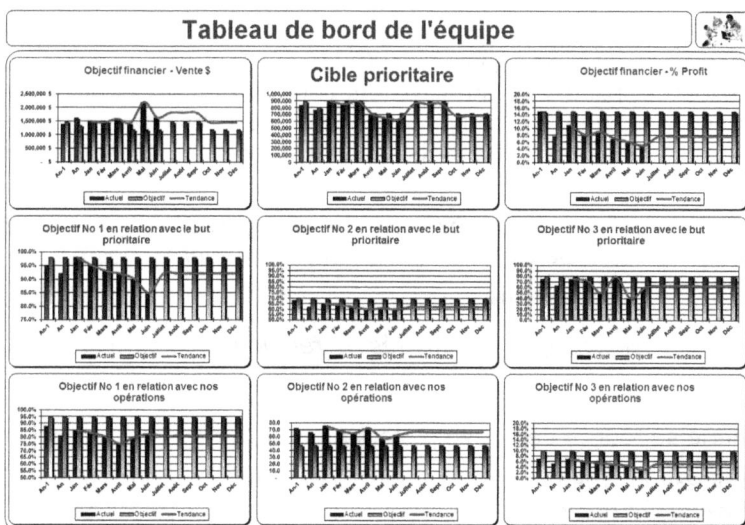

Tableau de bord de l'équipe

En moins d'une heure, le groupe détermina plus de quinze catégories différentes d'objectifs. Après en avoir combiné quelques-unes et en avoir éliminé d'autres, ils réduisirent le nombre à sept : les revenus, les dépenses, l'acquisition de nouveaux clients, la satisfaction des clients actuels, la fidélisation du personnel, la conscience du marché et la qualité des produits. Ils décidèrent également que ces catégories devraient être évaluées chaque mois. Attendre un trimestre entier pour mesurer l'atteinte des objectifs ne leur donnerait pas assez d'occasions pour déceler les dérives et réagir en conséquence.

Maintenant que la discussion était de nouveau axée sur le travail, l'atmosphère perdit un peu de sa légèreté. Le débat allait commencer. Et c'était tant mieux !

Adama commença :

— *Je suis désolé. Mais il n'y a rien de nouveau dans tout ça, Valérie. Il s'agit plus ou moins des mêmes objectifs que nous avons utilisés au cours des neuf derniers mois.*

C'était comme si une partie de la crédibilité de Valérie fondait devant leurs yeux.

Florin renchérit :

— *Oui, et aucun d'entre eux ne nous a aidés à générer des revenus. Franchement, je ne suis pas certain que tout ça ait de l'importance si nous ne concluons pas quelques contrats, et vite.*

Valérie était presque amusée par la prévisibilité de ce qui se déroulait devant elle. Dès que la réalité des problèmes commerciaux est appliquée à une situation comme celle-ci, pensa-t-elle, les gens adoptent de nouveau spontanément les comportements qui, au départ, les ont mis en mauvaise posture. Mais elle était prête :

— *D'accord Adama. Pouvez-vous me dire quel était notre but en matière de conscience du marché pour le dernier trimestre ?*

Mireille corrigea sa patronne :

— *Nous appelons ça des activités de relations publiques.*

— *Très bien.*

Valérie se tourna de nouveau vers Adama :

Pouvez-vous me dire précisément quel était votre but en matière de relations publiques ?

— *Non. Mais je suis sûr que Mireille le peut. Par contre, je peux vous dire quelles sont les dates prévues pour le développement des produits.*

— *Parfait. Alors, exposez-moi quels résultats ont généré ces activités de relations publiques ?*

Elle s'adressait une fois de plus à Adama, montrant bien qu'il aurait dû connaître la réponse à sa question. Il semblait perplexe :

— *Bon sang, je ne sais pas. Je suppose que Georges et Mireille se chargent de ça. Je suppose aussi que nous n'avons pas obtenu de très bons résultats, étant donné notre chiffre d'affaires.*

Mireille était demeurée remarquablement calme, ce qui ne fit que rendre encore plus désagréables ses remarques subséquentes :

— *Écoutez, j'ai apporté mes résultats à chaque réunion hebdomadaire. Mais personne ne m'a jamais interrogée à ce sujet. De plus, je peux difficilement mousser notre visibilité si nous ne vendons rien !*

Même si Florin aurait dû être plus bouleversé que quiconque par cette remarque, c'est Adama qui réagit d'un ton très direct :

— *C'est drôle. J'ai toujours pensé que la mission du service du marketing était justement de générer des ventes. Je suppose que j'ai tout compris de travers !*

Faisant mine de ne pas avoir entendu le commentaire d'Adama, Mireille continua à se défendre :

— *Je peux affirmer que le service du marketing n'est pas responsable des problèmes que nous avons. Au contraire, je pense que mon service a fait du très bon travail compte tenu des circonstances.*

Paul pensa : « *Ton service ne peut pas avoir fait du bon travail car l'entreprise est défaillante. Si l'entreprise est défaillante, nous sommes donc défaillants. Nous ne pouvons absolument pas justifier le rendement de nos propres services...* »

Mais il ne voulait pas pousser Mireille à bout, sentant que sa collègue pourrait perdre son sang-froid sous la pression. Il préférait se taire.

Ressentant la même frustration que tous les autres, Valérie eut la certitude qu'une discussion salutaire allait suivre. Mais la conversation s'arrêta net, sans raison apparente : « *C'est ainsi que ça se passe.* » se dit-elle en son for intérieur.

*

Cependant Valérie était déterminée à maintenir le rythme :

— *Bon, je crois savoir quel est le vrai problème.*

Georges sourit et dit d'un ton sarcastique, mais sans rudesse :

— *Vraiment ?*

Valérie sourit :

— *Bref, lorsque je parle de se concentrer sur les objectifs à atteindre plutôt que sur la reconnaissance personnelle, je parle d'un consensus dans l'adoption d'une série d'objectifs et d'outils de mesure communs qui serviront ensuite sur une base quotidienne à notre prise de décisions collectives.*

Voyant que le groupe ne céderait pas aisément devant l'évidence, Valérie décida de revenir à une approche basée sur l'interrogation :

Combien de fois avez-vous envisagé un transfert de ressources d'un service à un autre, au milieu d'un trimestre, de manière à atteindre un but et ne pas essuyer un échec ?

Leur physionomie parla pour eux. Jamais !

De quelle rigueur avez-vous fait preuve pendant vos réunions lorsqu'il s'agissait de revoir vos buts en détail et de déterminer pourquoi ils avaient ou non été atteints ?

Elle connaissait déjà la réponse.

Georges expliqua :

— *Je dois dire que je tenais pour acquis que Mireille se chargeait du marketing, Adama du développement des produits, et Florin des ventes. J'apportais ma contribution quand je le pouvais. Autrement, je leur laissais l'entière imputabilité de leurs services respectifs. S'ils avaient des difficultés, je tentais de trouver une solution avec eux chaque fois que je le pouvais, mais en tête à tête.*

Valérie reprit l'analogie des sports, espérant mieux se faire comprendre :

— *Bon, imaginez un entraîneur dans le vestiaire entre deux périodes. Il demande au joueur de centre de le rejoindre dans son bureau afin de lui parler en privé. Il fait ensuite la même chose avec le défenseur, l'ailier droit et l'ailier gauche, sans qu'aucun d'entre eux ne sache de quoi il a été question avec les autres. Ceci n'est pas une équipe. C'est un regroupement d'individus.*

Tous voyaient bien que l'équipe de direction de Synergance était exactement ainsi. Valérie d'un ton patient ajouta :

Vous tous, chacun d'entre vous, êtes responsables des ventes. Pas seulement Florin. Vous êtes tous responsables du marketing. Pas seulement Mireille. Vous êtes tous responsables du développement des produits, du service à la clientèle et des finances. Cela vous semble-t-il sensé ?

Devant la simplicité et la solidité des arguments de Valérie, et obligés de constater leur difficulté évidente en tant que groupe, un sentiment de découragement pointait à l'horizon.

Pierre secoua la tête et dit, comme s'il ne pouvait plus se retenir :

— *Vous savez, je viens de me demander si ce sont les bonnes personnes qui sont assises autour de cette table. Peut-être avons-nous besoin de joueurs vedettes qui sauront trouver les bons clients et développer de bons partenariats stratégiques.*

Florin était contrarié par cette attaque passive à propos des ventes. Comme d'habitude, il ne réagit pas.

Valérie, elle, le fit :

— *Avez-vous consulté les sites Web de vos concurrents ?*

Quelques-uns hochèrent la tête, ne sachant pas où elle voulait en venir :

Connaissez-vous les antécédents et les réalisations des gens qui dirigent ces entreprises ?

Leurs visages demeurèrent sans expression :

Exactement. Ils n'ont pas de joueurs vedettes parmi leurs équipes. Alors pourquoi pensez-vous qu'ils font davantage de progrès que vous ?

Sans conviction Georges proposa une explication :

— *CCP vient de conclure un partenariat avec Hewlett-Packard. Solutions+ tire actuellement la majeure partie de ses revenus des services professionnels qu'elle offre.*

Valérie ne semblait pas convaincue :

— *Et alors ? Qu'est-ce qui vous empêche de former un partenariat ou d'ajuster votre plan d'affaires comme ces entreprises l'ont fait ?*

Thanh leva la main pour parler, mais n'attendit pas que Valérie lui donne le feu vert :

— *Je ne veux pas vous offusquer, Valérie, pourriez-vous commencer à dire* nous *au lieu de* vous *? Vous êtes la directrice générale. Vous faites maintenant partie de notre équipe.*

Tout le monde demeura figé, attendant de voir comment Valérie réagirait à ce commentaire plein de sous-entendus. Elle baissa les yeux, comme si elle se demandait quelle attitude adopter, puis elle redressa la tête :

— *Vous avez raison, Thanh. Je ne suis pas une consultante ici. Merci de me l'avoir rappelé. Je suppose que je ne me considère pas encore membre à part entière de cette équipe.*

— *Joignez-vous à nous !*

La proposition de Thanh prit tout le monde de court :

— *Qu'est-ce que tu veux dire par là ?* Demanda Pierre.

— *Je ne sais pas ce que vous en pensez, mais je ne me sens pas très branchée sur ce qui se passe à l'extérieur du service des finances. Parfois, j'ai même le sentiment d'être justement une consultante. Dans les autres entreprises où j'ai travaillé, j'ai toujours été plus impliquée dans les ventes et l'exploitation, alors que maintenant, je me sens isolée dans ma spécialité.*

Paul acquiesça :

— *Oui, on dirait que nous n'avons pas les mêmes buts pendant nos réunions. C'est presque comme si nous faisions du lobbying pour obtenir davantage de ressources que les autres, pour nos services respectifs, ou comme si nous tentions d'éviter tout ce qui ne nous touche pas de près.*

Il était difficile d'aller à l'encontre de la logique de Paul. Il poursuivit :

Vous pensez tous que je suis trop accommodant parce que je me porte volontaire, mais c'est comme ça que tout le monde travaille dans la majorité des entreprises que je connais.

Valérie fut soulagée de voir que quelques-uns des membres de son équipe sortaient de leur léthargie. Elle ne prévoyait pas de réaction lorsqu'elle ajouta :

— *Les intrigues de bureau ici sont étonnantes ! Elles sont le résultat de la trop grande ambition personnelle dont vous faites tous preuve par rapport à ce que vous tentez d'accomplir. Cela favorise beaucoup trop l'individualisme.*

Pierre fronçant les sourcils :

— *Attendez une seconde. Je vous concède que nous ne sommes pas le groupe de cadres le plus uni de la région. Mais ne croyez-vous pas que vous exagérez un peu lorsque vous avancez que nous sommes doués pour la manigance ?*

— *Non. Je crois que vous êtes le groupe le plus conspirateur que je n'ai jamais vu !*

En prononçant ces mots, Valérie réalisa qu'elle aurait

probablement pu faire preuve d'un peu plus de délicatesse. Elle sentit qu'ils n'allaient faire qu'un pour protester contre la sévérité de son jugement. Même Georges réagit :

— *Je ne sais pas, Valérie. Votre opinion est peut-être biaisée par le fait que vous connaissez peu le monde de la haute technologie. J'ai travaillé, par le passé, dans des entreprises qui s'y connaissaient en manigances. Je ne crois pas que nous soyons aussi mauvais que ça.*

Valérie voulut répondre. Mais elle décida de laisser tout d'abord les autres se vider le cœur. Pierre se lança :

— *Je crois que nous faisons partie de la moyenne, si je me fonde sur ce que j'ai entendu dire dans le milieu. Gardez à l'esprit que c'est un marché impitoyable.*

Sentant qu'il y avait de la controverse dans l'air, Mireille plongea :

— *Je suis d'accord. Il est exact que vous arrivez dans l'entreprise à un moment difficile. Faire une telle affirmation, après avoir passé seulement quelques semaines parmi nous, est plutôt prématurée de votre part.*

Même si ses collègues n'approuvaient pas la dureté de son commentaire, Mireille savait qu'ils ne la contrediraient pas cette fois-ci.

Valérie attendit que le silence tombe et répondit :

— *Tout d'abord, je suis désolée si mon commentaire a pu vous sembler irrespectueux. C'est vrai que je n'ai jamais travaillé dans le monde de la haute technologie, par conséquent mon point de référence est peut-être biaisé.*

Elle laissa cette justification partielle faire son chemin avant de poursuivre, prenant soin de ne pas commencer sa phrase suivante avec le mot *mais* :

Je ne souhaite certainement pas vous paraître insolente, cela ne nous aidera pas à aller là où il nous faut aller.

Valérie sentit que certains membres de l'équipe, Thanh, Paul et Georges, accueillirent son énoncé en y voyant toute la sincérité qu'elle voulait y mettre. Elle poursuivit :

En même temps, je ne veux pas minimiser la situation dangereuse dans laquelle nous nous trouvons tous. Nous avons de gros problèmes. J'ai suffisamment observé votre groupe pour être en mesure d'affirmer que les jeux de pouvoir y sont présents et bien portants. Franchement, je préfère exagérer les problèmes que de les minimiser. C'est uniquement pour le bien de l'équipe, et non à des fins personnelles. Je peux vous l'affirmer.

Étant donné la constance du comportement de Valérie tout au long de la journée et demie qui venait de s'écouler et la confiance avec laquelle elle s'était exprimée, la majorité des participants parurent convaincus de sa sincérité.

Pierre fronça les sourcils. Mais Valérie ne put déterminer s'il était furieux ou déconcerté. En fait, il était déconcerté :

— *Peut-être devriez-vous nous dire exactement ce que vous entendez par manigances.*

Valérie réfléchit un moment, puis répondit comme si elle récitait le passage d'un livre qu'elle aurait appris par cœur :

— *Il y a manigances lorsque les gens choisissent leurs mots et leurs actions en fonction de la réaction qu'ils attendent d'autrui plutôt qu'en fonction de ce qu'ils pensent vraiment.*

Le silence s'installa dans la salle.

Adama, toujours aussi sérieux, brisa la tension :

— *D'accord, nous sommes sans aucun doute des conspirateurs doués pour les jeux de coulisses !*

Même s'il n'eut pas l'intention d'être drôle, Paul et Thanh rirent jaune. Georges se contenta de sourire et hocha la tête.

Florin voyant le temps avancé, répliqua :

— *Je suis désolé. Est-ce maintenant le temps de nous parler des trois autres comportements clés afin que nous puissions déterminer ce qui ne va pas et aller de l'avant ?*

Même si elle voulait s'en tenir à son plan et dévoiler graduelle-ment son modèle, Valérie décida de suivre le conseil de Florin :

— *Ce n'est pas un problème. Voyons dès maintenant les trois autres comportements clés à adopter.*

CHAPITRE NEUF

Valérie se dirigea vers le tableau blanc. Mais avant de remplir la deuxième section du bas, elle posa une question au groupe :

— *Pourquoi croyez-vous que la confiance est si importante ? Quand la confiance n'est pas assez présente dans un groupe que se passe-t-il ?*

Après quelques secondes de silence, Thanh suggéra à Valérie :

— *Un moral à la baisse. L'inefficacité.*

— *C'est un peu trop général. Je cherche une raison très précise pour laquelle la confiance est nécessaire.*

Personne ne semblait disposé à répondre, Valérie le fit rapidement à leur place. Elle écrit au tableau :

Débattre ouvertement sans autocensure les idées et opinions.

Si nous ne nous faisons pas mutuellement confiance, alors nous ne nous engagerons pas dans des débats ouverts et constructifs. Nous continuerons d'entretenir un sentiment d'harmonie artificielle.

Pierre s'interposa :

— *Nous avons pourtant beaucoup de discussions harmonieuses !*

Valérie dit :

— *Non ! il y a des tensions cachées parmi vous lors de vos échanges. Il n'y a pratiquement pas de débats constructifs. Il est possible de nous respecter en tant que membres d'une même équipe tout en faisant valoir nos vraies opinions.*

Paul intervint :

— *Mais pourquoi l'harmonie est-elle un problème ?*

Débattre

DÉBATTRE OUVERTEMENT SANS AUTOCENSURE LES IDÉES ET LES OPINIONS.

2013 Serge Bouchard ASC.

— C'est l'absence de débat qui est un problème. J'estime que l'harmonie en elle-même est une bonne chose, si elle est le résultat d'un processus constant de résolution de problèmes et d'un passage à travers le cycle complet d'un débat. Si elle résulte uniquement de l'attitude de gens qui taisent leurs opinions et leurs réelles préoccupations, alors ce n'est pas une bonne chose.

J'échangerais n'importe quand cette fausse harmonie contre une équipe capable de débattre efficacement d'un problème et de s'en tirer sans dommages.

Paul accepta cette explication. Valérie profita de sa chance :

Après avoir assisté à quelques-unes de vos réunions, je suis en mesure d'affirmer que vos débats ne sont pas très efficaces. Votre frustration se manifeste parfois sous la forme de commentaires subtils. Mais la plupart du temps, vous la refoulez et ne l'exprimez pas. Ai-je raison ?

Au lieu de répondre à cette question que Valérie avait plus ou moins posée pour la forme et de lui donner un minimum de satisfaction, Adama l'aiguillonna :

— Donc, supposons que nous commencions à discuter davantage, je ne vois pas comment cela pourrait nous rendre plus efficaces. Par contre, il est certain que cela nous prendra plus de temps.

Mireille et Florin hochèrent la tête. Valérie était sur le point de s'adresser à eux, sauf que Thanh et Paul la devancèrent. Tout d'abord, Thanh dit :

— Nous perdons souvent du temps en n'allant pas au fond des choses. Depuis combien de temps parlons-nous d'externaliser les TI ? Je crois qu'il en est question à chaque réunion. La moitié d'entre nous y est favorable, l'autre moitié est contre, et rien ne se fait parce que personne ne veut contrarier personne.

Paul ajouta avec une conviction qu'il manifestait rarement :

— Ironiquement, c'est exactement ce qui nous contrarie !

Adama était de plus en plus convaincu et voulait en savoir davantage au sujet du modèle :

— Très bien, quel est l'autre comportement clé ?

Venant d'Adama, jamais Valérie n'obtiendrait une déclaration ressemblant davantage à une marque d'approbation.

Valérie se tourna de nouveau vers le tableau blanc : « *Le prochain comportement clé dans une équipe est l'engagement et la capacité à prendre des décisions.* »

Elle inscrivit :

S'approprier les décisions et s'engager à mettre en œuvre les plans d'action.

Pierre intervenant de nouveau :

— *L'engagement ? On dirait quelque chose dont ma femme se plaignait avant notre mariage.*

Le groupe rit de sa blague. Valérie préparée à cette réaction :

— *Je parle de l'engagement envers un plan ou une décision, de l'obtention d'un consensus à cet égard. Voilà pourquoi le débat est si important.*

En dépit de son intelligence, Adama n'eut pas peur d'admettre sa perplexité :

— *Je ne comprends pas.*

— *C'est aussi simple que ça. Lorsque les gens n'expriment pas leurs opinions ou n'ont pas le sentiment qu'ils ont été écoutés, ils ne montent pas à bord.*

— *Ils le font si on les y oblige,* objecta Pierre. *Je suppose que votre mari ne demande pas à ses joueurs de voter lorsqu'il veut leur faire courir des sprints.*

Valérie aimait qu'on lui lance ce genre de défi :

— *Non, il ne le fait pas. Il leur permet de présenter leurs arguments s'ils pensent qu'ils ne devraient pas faire cette course. S'il n'est pas d'accord avec eux, ce qui, j'en suis certaine, doit être le cas dans cette situation, il leur dit pourquoi et il les fait courir.*

— *Donc, on ne parle pas ici de consensus. Ce qui finit également par déplaire à tous.*

C'est avec une expression douloureuse sur le visage que Georges fit ce commentaire, comme s'il revivait une mauvaise expérience :

Engagement

S'APPROPRIER LES DÉCISIONS ET S'ENGAGER À METTRE EN ŒUVRE LES PLANS D'ACTION

— *Exactement. Il est important de souligner qu'en majorité, les personnes n'ont pas toujours besoin d'avoir raison au terme d'une discussion. Elles ont besoin d'être entendues, de savoir que les autres tiendront compte de leur point de vue et agiront en conséquence.*

— *Alors, où le manque d'engagement entre-t-il en ligne de compte ?* Demanda Pierre.

— *Certaines équipes sont paralysées par leur besoin d'entente totale, et leur impuissance à dépasser le stade du débat.*

— *Soyez en désaccord et engagez-vous,* dit Florin.

— *Pardon ?*

Valérie voulant qu'il fournisse une explication :

— *Chez mon ancien employeur, on appelait ça : soyez en désaccord et engagez-vous. On peut discuter de quelque chose et ne pas être d'accord, mais s'engager quand même comme si tout le monde était entièrement d'accord avec la décision.*

Cela fit jaillir une étincelle dans l'esprit de Georges :

— *Ça y est, je vois où le débat entre en jeu. Même si les gens sont généralement prêts à s'engager, ils ne le font pas parce que…*

Paul l'interrompit :

— *Parce qu'ils ont besoin de peser le pour et le contre avant de donner leur accord.*

Le groupe semblait comprendre ce fait :

— *Quel est le dernier comportement clé ?*

Tous étaient surpris par la question de Mireille qui n'avait pas pris la parole depuis un certain temps.

Valérie alla au tableau pour y inscrire le dernier comportement clé, mais avant qu'elle puisse le faire, Adama ouvrit son ordinateur portable et commença à écrire. Tout le monde demeura surpris. Valérie suspendit son geste, les yeux fixés sur son directeur de l'ingénierie, qui ne semblait pas se douter de la tension qu'il venait de créer dans la salle. Puis, s'en rendant compte soudainement :

— *Oh non ! je suis en train, euh, je suis vraiment en train de prendre des notes. Regardez.*

Il tenta de montrer aux autres le document qu'il venait de créer

80

à l'écran.

Tout le monde s'amusa de l'empressement avec lequel Adama voulait justifier son comportement et montrer qu'il ne souhaitait pas violer les règles de l'équipe. Valérie éclata de rire, heureuse de constater que son ingénieur faisait soudain preuve d'enthousiasme :

— *Ça va. Nous vous croyons. Je passe l'éponge cette fois-ci.*

Valérie jeta un coup d'œil à sa montre. Elle réalisa que le groupe n'avait pas fait de pause depuis plusieurs heures :

Nous terminerons cela plus tard.

Ils auraient nié si on leur avait posé la question. Pourtant, Valérie était certaine d'avoir vu de la déception sur le visage de chacun.

Florin eut le courage de l'admettre :

— *S'il vous plaît, continuons et voyons le dernier comportement clé.*

Il ajouta ensuite avec humour :

Je ne crois pas que nous serons capables de nous détendre avant de savoir de quoi il s'agit.

Valérie était heureuse de continuer. Elle alla une dernière fois au tableau et écrivit :

Se tenir mutuellement imputable et assumer les responsabilités avec professionnalisme.

Elle expliqua :

— *Une fois que tout est clair et accepté, nous devons ensuite nous tenir mutuellement imputables de notre décision, rendre des comptes sur notre rendement et notre comportement. Bien que cela semble simple, la majorité des cadres détestent le faire, surtout lorsqu'il est question du comportement d'un pair, car ils veulent éviter tout conflit interpersonnel.*

— *Que voulez-vous dire exactement ?* Demanda Georges.

— *Je parle du moment où vous savez que vous devez parler d'un point important avec un collègue, et que vous décidez de ne pas le faire parce que vous ne voulez tout simplement pas éprouver ce sentiment qui...*

Imputabilité

SE TENIR MUTUELLEMENT IMPUTABLE
ET ASSUMER SES RESPONSABILITÉS
AVEC PROFESSIONNALISME

Elle fit une pause. Adama termina la phrase à sa place :

— *Qui est inévitable lorsque vous devez dire à quelqu'un de fermer sa boîte de courrier électronique pendant une réunion.*

— *Exactement !* confirma Valérie d'un ton appréciateur.

Paul ajouta :

— *Je déteste ça. Je ne veux tout simplement pas avoir à dire à quelqu'un que ses objectifs ne sont pas atteints. Je préfère tolérer la situation et éviter le...*

Il tenta de trouver les mots justes.

Thanh vola à son secours :

— *Le conflit interpersonnel ?*

Paul hocha la tête :

— *Oui, je suppose que c'est effectivement ça.*

Il réfléchit un instant. Puis il poursuivit :

C'est étrange. Je trouve moins difficile de dire ce que je pense à mes subordonnés. On dirait que je les tiens imputables la plupart du temps, même dans les situations délicates.

Valérie se sentit électrisée par cette remarque :

— *Exact. S'il est parfois difficile d'aborder un sujet délicat avec vos subordonnés, c'est encore plus difficile de le faire avec vos pairs.*

— *Pour quelle raison ?* Demanda Georges.

Devançant Valérie, Pierre expliqua :

— *Parce que nous sommes censés être égaux. Qui suis-je pour dire à Adama comment il doit faire son travail, ou à Mireille, ou à Thanh ? J'ai alors l'impression de me mêler de ce qui ne me regarde pas.*

Valérie ajouta :

— *Les relations entre pairs compliquent sans aucun doute ce volet d'imputabilité au sein de l'équipe, mais il y a autre chose.*

— *Quoi ?* Demanda Pierre.

— *Pas de consensus. Les gens ne se tiendront pas mutuellement imputables s'ils n'ont pas clairement adhéré à un même plan. Autrement, ça ne rime à rien parce qu'ils diront : je n'ai jamais dit que j'étais d'accord.*

Valérie était estomaquée par le commentaire de son mouton noir. Comme si ce n'était pas assez, Mireille poursuivit :

— *En fait, c'est très sensé.*

Tous échangèrent des regards comme pour dire : « *As-tu entendu ce que j'ai entendu ?* »

Sur ce, Valérie leur accorda une dernière pause.

CHAPITRE DIX

Valérie avait créé ou remanié un grand nombre d'équipes. Mais elle ne s'était jamais habituée aux inévitables flux et reflux que cela provoquait : « *Pourquoi ne pouvons-nous pas tout simplement faire des progrès d'un seul coup ?* » se demanda-t-elle.

En théorie, avec Mireille et Adama qui semblaient maintenant mieux disposés, il aurait dû être relativement aisé de diriger l'équipe. Valérie savait que la réalité et la théorie ne vont pas toujours de pair ; il restait encore beaucoup de chemin à parcourir. Ça ne serait pas facile de modifier des comportements qui avaient été axés sur les jeux de coulisses pendant trois ans. Un atelier unique, peu importe sa valeur, ne suffirait pas. Un douloureux remodelage en profondeur était encore à venir.

Avec seulement quelques heures devant elle avant la fin de ce premier atelier, elle devait faire le plus de progrès possible.

Lorsque le groupe se réunit de nouveau après la pause, Valérie décida de parler du débat pour retenir leur attention jusqu'à la fin de la journée :

— *Parlons encore un peu du débat.*

Elle sentit un léger découragement s'emparer du groupe à l'idée d'aborder un sujet aussi délicat. Mais Valérie était impatiente d'assister à cet exercice :

Quelqu'un peut-il me dire quel est le cadre le plus propice au débat ?

Après un silence, Pierre proposa une réponse :

— *Les réunions ?*

— *Oui. Les réunions. Si nous n'apprenons pas à nous engager dans des débats productifs et animés pendant nos réunions, sans cela c'est terminé de nous.*

Thanh sourit :

— *Je ne plaisante pas. Notre habileté à entamer des débats passionnés et ouverts à propos de ce que nous devons faire pour réussir déterminera notre avenir tout autant que n'importe quel produit que nous développerons ou partenariat que nous signerons.*

L'après-midi touchait à sa fin. Valérie sentit que son équipe sombrait dans une sorte de somnolence attribuable à la fatigue. Ses paroles ne semblaient plus les rejoindre. Elle devrait rendre l'exercice intéressant si elle voulait qu'il porte ses fruits :

— *Combien d'entre vous préfèrent assister à une réunion plutôt que d'aller voir un film ?*

Personne ne leva la main :

Pourquoi ?

Après un moment de silence, Georges comprit qu'il ne s'agissait pas d'une question pour la forme :

— *Parce que les films sont plus intéressants. Même les mauvais films.*

De petits rires fusèrent. Valérie sourit :

— *Exact. Si l'on y réfléchit bien, une réunion devrait être aussi intéressante qu'un film. Mon fils William a étudié l'art cinématographique. Il m'a appris que les réunions et les films ont beaucoup en commun.*

Les participants semblaient plus sceptiques qu'intrigués. Mais Valérie réussit du moins à capter leur attention :

Voyez les choses sous cet angle. La durée moyenne d'un film est d'une heure et demie à deux heures. C'est à peu près la même chose pour les réunions.

Ils hochèrent la tête, poliment :

Pourtant les réunions sont interactives, alors que les films ne le sont pas. Vous ne pouvez pas crier à l'acteur que vous voyez sur l'écran : n'entre pas dans cette maison, idiot !

Ils rirent presque tous. Elle poursuivit :

Plus important encore, les films n'ont pas d'impact réel sur notre vie. Ils n'exigent pas que nous agissions d'une certaine manière en fonction du dénouement de l'histoire. Les réunions sont à la fois interactives et pertinentes. Nous avons notre mot à dire, et le dénouement d'une discussion a souvent une réelle incidence sur notre vie. Alors pourquoi redoutons-nous les réunions ?

Personne ne répondit. Valérie les aiguillonna :

Allons, pourquoi les détestons-nous ?

— *Elles sont ennuyeuses.*

Mireille sembla apprécier sa réponse plus qu'elle ne l'aurait dû :

— *Exact. Elles sont ennuyeuses. Pour comprendre pourquoi elles le sont, nous n'avons qu'à les comparer à des films.*

Le groupe recommença à manifester son intérêt. Valérie continua :

Qu'il s'agisse d'un film d'action, d'un drame, d'une comédie ou d'un film d'auteur, chaque film qui vaut la peine d'être vu renferme un ingrédient clé. Quel est cet ingrédient ?

Adama répondit sèchement :

— *Le conflit, je suppose que c'est la réponse.*

— *Oui, je suppose que je vous ai soufflée, celle-là, n'est-ce pas ? Les situations de conflits sont présentes dans tout grand film. Il est à la source des dialogues, des intrigues et des débats entre les acteurs. Sans lui, nous ne nous soucierions pas de ce qui arrive aux personnages.*

Valérie fit une pause pour ménager son effet avant d'enchaîner :

Je vous assure qu'à partir de maintenant, toutes les réunions de l'équipe seront pleines de débats. Elles ne seront pas ennuyeuses et si rien ne vaut la peine d'être débattu, alors nous ne tiendrons pas de réunion.

Les membres de l'équipe semblèrent apprécier cette affirmation. Valérie voulait tenir sa promesse sur-le-champ :

Nous allons commencer dès maintenant !

Elle jeta un coup d'œil à sa montre :

Nous avons encore du temps devant nous. Je crois que nous pourrions tenir notre première véritable réunion de prise de décisions en tant que groupe.

Pierre s'objecta, l'air sérieux :

— *Valérie, je ne suis pas certain que je puisse faire ça.*

Pris de court, tous attendirent une explication :

— *Je n'ai pas reçu l'ordre du jour !*

Tous, incluant Georges, éclatèrent de rire après cette boutade bon enfant à propos de leur ancien directeur général.

*

Valérie ne perdit pas de temps :

— *Très bien, voici ce que je propose. Avant de nous séparer, nous allons déterminer quelle sera notre cible prioritaire pour le reste de l'année. Rien ne nous empêche de le faire dès maintenant, ici, aujourd'hui. Quelqu'un a-t-il une proposition à faire ?*

— *Que voulez-vous dire exactement ? Une sorte de thème ?* Demanda Thanh.

— *Oui. La question à laquelle nous devons répondre est celle-ci : Si nous devons accomplir la chose la plus importante entre aujourd'hui et la fin de l'année, de quoi devrait-il s'agir ?*

Pierre et Florin répondirent à l'unisson :

— *Gagner des parts de marché.*

Les membres de l'équipe hochèrent la tête, sauf Adama et Thanh.

Valérie s'adressant à eux :

— *Vous ne semblez pas convaincus. À quoi pensez-vous ?*

Adama expliqua :

— *Je pense à l'amélioration des produits.*

Thanh ajouta :

— *Je ne suis pas certaine que la réduction des coûts ne soit pas prioritaire.*

Valérie résista à la tentation d'offrir sa propre suggestion :

— *Quelqu'un veut-il formuler ses commentaires ?*

Florin prit la parole :

— *D'accord. Je crois que notre technologie est aussi bonne, sinon meilleure, que celle de nos principaux concurrents. Pourtant, ils réussissent mieux que nous. Si nous nous retrouvons trop loin derrière en matière de parts de marché, ce que nos produits peuvent faire cela n'aura plus d'importance.*

Adama fronça à peine les sourcils :

— *Si c'est le cas, alors imagine ce qui arrivera si nous prenons du retard sous l'angle de la qualité des produits.*

Toujours pacifique, Paul demanda :

— Ne pouvons-nous pas avoir plus d'une cible prioritaire ?

Valérie secoua la tête :

— Si tout est important, alors rien ne l'est !

Elle s'abstint de fournir une explication plus poussée, voulant que le groupe y travaille. Thanh insista :

— Quelqu'un peut-il me dire pourquoi la réduction des coûts ne pourrait pas être notre cible prioritaire ?

Mireille rétorqua :

— Parce que si nous ne trouvons pas un moyen de gagner de l'argent, éviter de le dépenser ne nous fera aucun bien.

Aussi désagréable que fût le ton de Mireille, la pertinence de sa remarque ne pouvait être niée. Même Thanh acquiesça. Valérie fit un bref commentaire :

— C'est la conversation la plus productive à laquelle j'ai assisté depuis que je suis ici. Continuez.

Cela suffit à donner à Georges le courage dont il avait besoin pour exposer son point de vue :

— Je ne sais pas. Je ne crois pas que les parts de marché soient actuellement un étalon de mesure adéquat. Nous ignorons la taille du marché et ses tendances... Je crois que nous avons tout simplement besoin d'un plus grand nombre de bons clients. Que nous en ayons vingt de plus ou vingt de moins que nos concurrents ne me semble pas très important.

Mireille intervenant :

— C'est la même chose que les parts de marché.

— Je ne suis pas d'accord, dit Georges de façon non défensive.

Mireille roula les yeux.

Souhaitant éviter une répétition du duel qu'il avait engagé la veille avec Mireille, Pierre dit :

— Écoute, que l'on parle de parts de marché ou de clientèle n'a pas vraiment d'importance. Il nous faut tout simplement réaliser des ventes.

Valérie prit alors la parole :

— Je crois que cela a de l'importance. Qu'en pensez-vous, Florin ?

— *Je pense que Georges a raison. Si nous trouvons suffisamment de clients assidus, des clients qui nous feront une bonne publicité, alors tout ira bien. À vrai dire, je ne me soucie pas actuellement de ce que font nos concurrents. J'y vois avant tout une distraction, du moins jusqu'à ce que ça tourne rond pour nous et que le marché prenne forme.*

Adama sembla maintenant irrité :

— *Écoutez, nous avons cette conversation à chaque fois que nous nous réunissons. Si nous ne comparons pas les parts de marché aux revenus, alors nous comparons la fidélisation de la clientèle à sa satisfaction. Tout cela me semble bien théorique*

Valérie s'abstint de tout commentaire pendant que le groupe digérait les paroles d'Adama. Puis elle demanda :

— *Comment ces conversations se terminent-elles habituellement ?*

Adama haussa les épaules :

— *Nous finissons par manquer de temps et ne prenons pas de décisions, je suppose.*

— *Très bien. Menons cette conversation à terme au cours des cinq prochaines minutes. Y a-t-il quelqu'un parmi vous qui pense que notre réussite, à l'issue des neuf prochains mois, est liée aux parts de marché, aux clients, aux revenus, etc. ? Si quelqu'un pense que nous faisons carrément fausse route, qu'il le dise maintenant, haut et fort.*

Les membres de l'équipe échangèrent des regards et haussèrent les épaules, l'air de dire : Rien de mieux ne me vient à l'esprit :

Bien. Venons-en donc à une conclusion maintenant. J'aimerais que l'un d'entre vous fasse un plaidoyer passionné en faveur des revenus. Florin, pourquoi pas vous ?

— *On pourrait toujours dire que les revenus constituent la clé de notre réussite, car nous avons besoin de liquidités. Mais je pense que c'est beaucoup moins important actuellement que de prouver au monde qu'il existe des clients qui sont intéressés à nos produits. Les revenus sont moins importants que la conclusion de nouvelles affaires et l'acquisition de nouveaux clients.*

Il venait de mettre les choses au clair en ce qui avait trait à la question des revenus :

— *Est-ce que ça tient la route ?*

— *Tout à fait.*

Valérie voulut ensuite s'assurer que tous étaient d'accord :

— *Y a-t-il quelqu'un qui affirme que les revenus sont notre cible prioritaire la plus importante ?*

Après avoir jeté un bref regard autour d'elle, Thanh prit la parole :

— *Êtes-vous en train de dire que nous n'avons pas besoin de nous fixer une cible prioritaire en matière de revenus ?*

— *Non. Nous en aurons certainement une. Pour l'instant, nous ne mesurerons pas notre réussite uniquement en fonction des revenus. Il nous reste maintenant à déterminer si cette mesure sera les parts de marché ou la nouvelle clientèle. J'aimerais que quelqu'un m'explique pourquoi cela pourrait être les parts de marché. Mireille ?*

— *C'est au moyen des parts de marché d'une entreprise que les analystes et la presse définissent le succès. C'est aussi simple que ça.*

Adama contre-attaqua :

— *Non, Mireille. Chaque fois qu'on m'interviewe à titre de fondateur de l'entreprise, on me pose des questions sur nos clients clés. On veut connaître le nom de ces entreprises et celui des gens qui sont prêts à se porter garants de nous.*

Mireille haussa les épaules.

Valérie la mit au défi :

— *Haussez-vous les épaules parce que vous n'êtes pas d'accord et que vous abandonnez la partie, ou parce que vous estimez que la remarque d'Adama est valable et que vous ne pouvez rien y ajouter ?*

Mireille réfléchit un instant :

— *La seconde option.*

— *D'accord. Il reste l'acquisition de nouveaux clients. Quelqu'un peut-il me dire pourquoi ceci devrait être notre cible prioritaire et commune ?*

Cette fois, Valérie n'eut pas à encourager qui que ce soit. Paul se porta volontaire :

— *Parce que la presse y verra des sujets de reportage. Nos employés gagneront en assurance. Adama et ses ingénieurs* obtiendront davantage de rétroaction sur les produits. Nous aurons des témoignages sur lesquels nous appuyer pour accroître notre clientèle l'an prochain.

Florin intervint :

— Sans compter les ventes qui en découleront.

— Mesdames et messieurs, annonça Valérie, à moins que vous ne proposiez quelque chose d'autre d'assez séduisant pour me faire changer d'idée dans les cinq prochaines secondes, je crois que nous avons déterminé notre première cible prioritaire.

Les membres de l'équipe échangèrent des regards comme pour dire : Nous sommes-nous vraiment mis d'accord sur quelque chose !

Valérie n'avait pas encore terminé. Elle voulait entrer dans les détails :

Combien nous faut-il de nouveaux clients ?

Les membres de l'équipe étaient galvanisés par la nature tangible de la discussion. Pendant les trente minutes qui suivirent, ils discutèrent du nombre de clients qu'ils pourraient et devraient acquérir.

Thanh plaida pour le plus grand nombre possible, suivi par Pierre et Mireille. Frustré, Florin batailla ferme pour faire valoir le contraire, craignant que des quotas de vente trop élevés ne découragent ses représentants. Georges, Paul et Adama adoptèrent une position médiane.

Lorsque le débat sembla perdre de son intensité, Valérie intervint :

Très bien, à moins que quelqu'un ne s'abstienne de dire son idée, je crois maintenant connaître l'opinion de chacun d'entre vous. Nous n'arriverons probablement pas à un consensus, il n'y a rien de scientifique ici. Je vais fixer un nombre de nouveaux clients en tenant compte de vos suggestions. Nous nous en tiendrons à ce nombre.

Après un temps d'arrêt, elle poursuivit :

Thanh, nous ne conclurons pas trente nouvelles affaires cette année, même si je sais à quel point vous adoreriez inscrire ces revenus dans vos livres. Florin, je comprends que vous vouliez préserver la motivation de vos vendeurs. Mais dix nouveaux clients ne suffiront pas. Nos concurrents obtiennent plus du double de ce résultat. Les analystes nous démoliront si nous *n'en acquérons que dix.*

Florin sembla n'offrir aucune résistance au raisonnement de Valérie. Elle poursuivit :

Je crois que tout ira bien si nous pouvons obtenir dix-huit nouveaux clients, dont dix seront prêts à nous fournir des références.

Elle fit une pause pour permettre au groupe de faire un dernier commentaire. Comme personne ne souffla mot, elle déclara :

Très bien alors. Nous aurons dix-huit nouveaux clients d'ici le trente et un décembre.

Personne ne pouvait nier que le groupe avait fait davantage de progrès en vingt minutes qu'il n'en faisait normalement pendant un mois. Valérie leur avait suggéré de disposer leurs chaises en cercle afin de faciliter les échanges. Elle en avait profité pour leur expliquer les règles simples, mais efficaces, d'une approche appelée *Forum Ouvert*[1] qu'elle avait apprise et utilisée à maintes reprises pour animer des groupes.

Au cours de l'heure suivante, les membres de l'équipe s'étaient concentrés sur la question : « Comment séduire davantage de nouveaux clients ? »

Discutant de ce que chacun, du marketing aux finances en passant par l'ingénierie, proposait de faire pour concrétiser leur objectif.

Quinze minutes avant la fin officielle de l'atelier, Valérie décida de clore la discussion :

Très bien, ça suffit pour aujourd'hui. Nous tiendrons une réunion la semaine prochaine. Nous verrons tout ça plus en détail ainsi que d'autres questions d'importance majeure.

Le groupe était soulagé d'en finir mais aussi satisfait du résultat. Valérie posa une dernière question :

Avez-vous des commentaires, des questions ou des préoccupations à formuler avant que nous nous séparions ?

Personne ne voulut soulever un point qui aurait pu retarder leur départ. Mais Pierre décida de faire un commentaire :

— Je dois dire que, au cours des deux derniers jours, nous avons

---

[1] Pour plus d'information en français concernant le Forum Ouvert, une technique très puissante pour débattre. Visiter : http://annickcorriveau.com/forumouvert.html

fait plus de progrès que je ne l'aurais cru possible.

Thanh et Paul acquiescèrent. Mireille, à la surprise de tous, ne roula pas des yeux.

Valérie n'était pas certaine si Pierre essayait de marquer des points auprès d'elle ou s'il avait réellement apprécié l'atelier. Elle décida de lui accorder le bénéfice du doute et d'accepter son compliment.

Florin prit la parole :

— *Je suis d'accord avec Pierre. Nous avons accompli beaucoup de choses ici. Le fait d'avoir déterminé avec précision notre cible prioritaire va nous être d'une grande utilité.*

Valérie eut le sentiment qu'un bémol était sur le point d'être ajouté. Et elle eut raison.

Florin poursuivi :

— *Je me demande seulement si nous devrions continuer à tenir des ateliers comme celui-ci. Je veux dire que nous avons beaucoup avancé. Nous aurons beaucoup de travail à faire au cours des mois à venir si nous voulons conclure de nouvelles affaires. Peut-être devrions-nous attendre de voir comment vont les choses...*

Il ne termina pas, laissant délibérément sa phrase en suspens. Adama, Mireille et Pierre hochèrent précautionneusement la tête en guise d'approbation.

Si Valérie était remplie d'un sentiment d'accomplissement quelques minutes auparavant, ce dernier avait considérablement perdu de son intensité. Elle aurait bien voulu opposer une fin de non-recevoir à la suggestion de Florin. Mais elle attendit de voir si quelqu'un le ferait à sa place. Juste au moment où elle pensa que personne ne viendrait à son secours.

Georges prit la parole et prouva qu'il prenait réellement à cœur un grand nombre des idées de Valérie :

— *Je crois que l'annulation de la rencontre prévue dans deux semaines ne serait pas judicieuse. En fait, je pense qu'il sera facile de reprendre nos vieilles habitudes lorsque nous serons de retour au travail. Cela a été très douloureux pour moi de m'asseoir ici pendant deux jours. De réaliser que je n'avais pas réussi à créer un esprit de corps parmi nous. Je crois que nous avons encore beaucoup de chemin à faire.*

Thanh et Paul acquiescèrent.

Valérie profita de l'occasion pour préparer son équipe à la suite des événements. Elle se tourna vers Florin et Pierre :

— *J'apprécie votre désir de consacrer le plus de temps possible à la conclusion de nouvelles affaires.*

Elle n'était pas tout à fait sincère. Elle voulait éviter de frapper trop fort, trop tôt :

Toutefois, je tiens à vous rappeler ce que j'ai dit hier, au début de cet atelier. Nous avons davantage de ressources financières, de cadres talentueux et expérimentés, ainsi qu'une meilleure technologie de base que nos concurrents. Pourtant nous tirons de la patte. C'est le travail d'équipe qui nous fait défaut. Je peux vous affirmer que je n'ai pas d'autre priorité que de faire de vous, de nous, un groupe plus performant.

Mireille, Adama et Pierre semblèrent s'adoucir. Valérie poursuivit tout de même :

Ce que je vais vous dire est plus important que tout autre commentaire que j'ai pu faire depuis notre arrivée hier.

Elle fit une pause pour ménager son effet :

Au cours des deux prochaines semaines, je ferai preuve d'intolérance devant tout comportement dénotant une absence de confiance ou qui met l'accent sur l'ego individuel. Je vais encourager le débat, exiger des engagements précis et tenir pour acquis que vous vous tiendrez mutuellement imputables. Je soulignerai tout mauvais comportement. J'aimerais que vous fassiez de même. Nous n'avons plus de temps à perdre.

Tous demeurèrent silencieux :

Très bien. Nous reviendrons ici dans deux semaines. Conduisez prudemment. Nous nous verrons demain matin au bureau.

Pendant que les membres de son équipe ramassaient leurs affaires et se dirigeaient vers la porte, Valérie aurait voulu se sentir satisfaite de ce qu'elle venait d'accomplir. Cependant, elle était obligée d'envisager la possibilité que les choses s'envenimeraient, et peut-être même beaucoup, avant qu'elles ne puissent s'améliorer.

Troisième partie

CHAPITRE ONZE

De retour au bureau, même Valérie fut étonnée par la rapidité avec laquelle s'affaiblirent les progrès réalisés pendant l'atelier.

Quelques lueurs d'espoir apparurent tout de même. Paul et Adama réunirent leurs employés respectifs pour discuter de la satisfaction des clients. Une courte réunion qui suffit pour provoquer la curiosité des membres de leurs équipes.

Dans l'esprit de Valérie, il ne faisait aucun doute que les membres de l'équipe de direction se méfiaient toujours les uns des autres, et qu'ils se méfiaient d'elle.

En observant leur comportement, Valérie eut le sentiment qu'ils avaient complètement oublié ce qui s'était passé au cours des deux journées d'atelier. Il y avait peu d'interactions entre eux, pratiquement aucun signe qui laissait présager leur volonté de s'engager l'un envers l'autre. Ils donnaient l'impression d'être embarrassés par le souvenir de s'être dévoilés devant les autres. Ils agissaient comme si rien n'était arrivé.

La situation était loin d'être nouvelle pour Valérie. Même si elle était déçue que le groupe n'ait pas assimilé à fond les concepts, elle savait qu'il s'agissait d'une réaction initiale typique. Elle savait également que la seule façon de corriger la situation était de replonger et de mobiliser de nouveau ses troupes. Elle ne se doutait pas qu'elle était sur le point de vivre tout un conflit.

Cela se produisit quelques jours seulement après la fin de l'atelier, le jour même où Valérie devait tenir sa première réunion officielle avec l'équipe de direction.

De son côté, Pierre avait annoncé une réunion spéciale pour discuter d'une éventuelle acquisition. Il avait invité tous les membres de l'équipe mais avait précisé que la présence de Valérie, Adama, Florin et Georges était requise. Thanh et Paul s'y étaient également présentés.

Avant de commencer la réunion, Georges demanda :

— *Où est Florin ?*

— *Il n'est pas au bureau ce matin,* répondit Valérie. *Débutons.*

— Pierre haussa les épaules et distribua une pile de brochures en papier glacé à ses collègues :

— *L'entreprise s'appelle Sampa Bons.*

Tous éclatèrent de rire :

Je sais. Où trouvent-ils des noms pareils ? Bref, c'est une entreprise établie en Belgique qui est soit notre alliée, soit notre concurrente. C'est difficile à dire. De toute manière, je crois que nous devrions envisager son acquisition. Elle est à court de capitaux et nous en avons actuellement un surplus.

Georges posa la première question, surtout à titre de membre du conseil d'administration :

— *Qu'est-ce que cela nous rapporterait ?*

Pierre, qui avait déjà décidé que la transaction était sensée, répondit rapidement :

— *Des clients, des employés, de la technologie.*

— *Combien de clients ?* Demanda Valérie.

Adama posa une autre question avant que Pierre n'ait le temps de répondre :

— *Leur technologie est-elle bonne ? Je n'ai jamais entendu parler d'eux.*

Encore une fois, Pierre avait des réponses toutes prêtes :

— *En ce qui a trait aux clients, cette entreprise est deux fois moins importante que nous.*

Il consulta ses notes :

Elle en a une vingtaine, je crois. Il semble que sa technologie convienne à ses clients.

Adama sembla sceptique. Valérie fronça les sourcils :

— *Combien d'employés ? Travaillent-ils tous en Belgique ?*

— *L'entreprise compte environ soixante-quinze employés, seulement sept d'entre eux sont situés en France et en Suisse.*

Tout au long de la réunion, Valérie prit soin de taire ses opinions afin de permettre aux membres de son équipe de perfectionner leurs habiletés. Mais dans le feu de l'action, la retenue n'était pas son point fort lorsqu'il s'agissait du processus de prise de décisions :

— *Attendez. Il y a quelque chose qui cloche, Pierre. Nous augmenterions nos effectifs de l'ordre de 50 % et nous ajouterions toute une gamme de nouveaux produits. Je crois que nous avons déjà suffisamment de défis à relever dans l'état actuel des choses.*

Bien que préparé à une certaine opposition, Pierre fut incapable de cacher son impatience :

— *Si nous n'osons pas prendre ce genre de décisions, nous allons laisser filer des occasions de nous démarquer de la concurrence. Nous devons faire figure de visionnaires !*

Cette fois-ci, c'est Adama qui roula des yeux. Valérie poursuivit :

— *Premièrement, je dois dire que Mireille aurait dû assister à cette rencontre. J'aimerais savoir ce qu'elle en pense en matière de positionnement sur le marché et de stratégie. Et je...*

Pierre l'interrompit :

— *Mireille n'apporterait rien qui vaille à cette conversation. Ceci n'a rien à voir avec les relations publiques ou la publicité. On parle ici de stratégie.*

Valérie voulait sauter à la gorge de Pierre qui se montrait si dur à l'endroit de quelqu'un qui ne se trouvait pas dans la pièce. Cela n'échappa à personne. Elle décida que cela pouvait attendre quelques minutes :

— *Je n'avais pas tout à fait terminé ! Je crois également que nos problèmes de jeux de pouvoir internes ne pourraient qu'être aggravés par cette acquisition.*

Pierre respira à fond avec l'air de dire :

— *Je n'arrive pas à croire que je doive traiter avec des gens comme ça.*

Avant qu'il puisse dire quelque chose qu'il regretterait ensuite, Thanh intervint :

— *Je sais que notre situation de trésorerie est meilleure que celle de n'importe lequel de nos concurrentes, et meilleures que celle de quatre-vingt-dix pour cent des entreprises de hautes technologies de notre secteur. Rien ne nous oblige à dépenser cet argent. Sauf, pour effectuer une transaction nettement gagnante.*

Pierre prononça ensuite des paroles que, cette fois, il regretterait :

— *Avec tout le respect que je vous dois, Valérie, vous êtes sans doute très compétente lorsque vient le moment de diriger des* réunions et d'améliorer le travail d'équipe. Mais vous ne connaissez rien de notre industrie. Je crois que vous devriez vous en remettre à Georges et à moi pour ce genre de décisions.

Tous demeurèrent figés. Valérie était certaine que quelqu'un réagirait après cette attaque de Pierre. Elle eut tort.

De fait, Adama eut l'audace de jeter un coup d'œil à sa montre et de dire :

— Je suis désolé, mais j'ai une autre réunion. Prévenez-moi si vous avez besoin de moi.

Et il quitta la pièce.

Valérie était parfaitement préparée à relever chez ses subordonnés tout comportement destructeur qui pourrait nuire à l'équipe. Mais elle n'avait pas prévu que sa première intervention la concernerait personnellement.

Cela rendait les choses plus difficiles mais néanmoins nécessaires. Il s'agissait de déterminer s'il était préférable de le faire en privé ou devant le reste du groupe :

— Pierre, préférez-vous que nous ayons une conversation immédiatement, ou en tête à tête ?

Il prit le temps de bien réfléchir à la question, parfaitement conscient de ce qui suivrait :

— Je suppose que je pourrais jouer au dur et dire : Si vous avez quelque chose à dire, allez-y. Cependant, je crois que cette fois nous devrions discuter seul à seule.

Il sourit, mais seulement pendant une fraction de seconde. Valérie demanda aux autres de les laisser seuls, Pierre et elle :

— Je vous verrai cet après-midi à la réunion de l'équipe de direction.

Tous furent heureux de s'éclipser.

Immédiatement après leur départ, Valérie prit la parole. Confiante et détendue, maîtrisant la situation beaucoup plus que Pierre ne s'y attendait :

Tout d'abord, ne critiquez jamais l'un de vos coéquipiers en son absence. Ce que vous pensez de Mireille m'importe peu. Elle fait partie de l'équipe. Si vous avez des reproches à lui faire, c'est à elle qu'il faut en parler et non à moi. Il va vous falloir arranger les choses.

Pierre, mesurant un mètre quatre-vingt-dix, avait l'air d'un élève de septième année qui vient d'être convoqué au bureau du directeur, mais l'espace d'un instant seulement. Sa frustration reprit ensuite le dessus et il riposta :

— *Écoutez-moi bien ! Je n'ai rien à faire ici. Nous étions censés connaître une croissance beaucoup plus rapide et être beaucoup plus actifs en matière de d'acquisition d'entreprises. Je ne peux quand même pas rester assis et regarder cette entreprise...*

Valérie l'interrompit :

— *C'est de vous qu'il s'agit ?*

La question semblait échapper à Pierre :

— *Quoi ?*

— *Cette acquisition. Vous la voulez parce qu'elle vous donnerait quelque chose à faire ?*

Pierre tenta de faire marche arrière :

— *Bien sûr que non ! Je crois que c'est tout simplement une bonne idée. Ça pourrait être stratégique pour nous.*

Valérie demeura immobile. Puis, comme un criminel soumis à un interrogatoire Pierre se mit à parler :

Mais oui, je suis sous-utilisé ici ! J'ai fait parcourir la moitié de ce fichu pays à ma famille dans l'espoir qu'un jour je pourrais diriger cette entreprise, mais maintenant je me sens fatigué et impuissant... Je regarde mes collègues qui sont en train de tout bousiller.

Pierre baissa les yeux, secouant la tête sous le poids de la culpabilité et de l'incrédulité devant sa propre situation.

Valérie parla d'un ton calme :

— *Pensez-vous avoir une part de responsabilité dans tout ça ?*

Il leva les yeux :

— *Non. En fait, je suis censé être responsable de la croissance de l'infrastructure, des fusions et des acquisitions. Mais nous n'agissons pas du tout en ce sens parce que le conseil d'administration dit...*

— *Je parle de la situation dans son ensemble, Pierre. Contribuez-vous à l'amélioration de l'équipe, ou l'inverse ?*

— *Qu'en pensez-vous ?*

— *Je ne pense pas que vous contribuiez à son amélioration, elle fit une pause, il est clair que vous avez beaucoup à offrir, que vous dirigiez ou non cette entreprise.*

Pierre tenta de s'expliquer :

— *Je n'ai pas dit que je voulais votre poste. Je me vidais le cœur et...*

Valérie leva la main :

— *Ne vous en faites pas. Vous avez le droit de vous vider le cœur de temps en temps. Je dois vous avouer que je ne vous vois jamais aider vos coéquipiers. À vrai dire, vous leur mettez des bâtons dans les roues.*

Pierre n'était pas prêt à admettre ce fait. Il rétorqua :

— *Alors que croyez-vous que je devrais faire ?*

— *Pourquoi n'essayez-vous pas de leur dire ce que vous ressentez ? Répétez-leur ce que vous venez de me dire. Dites-leur que vous vous sentez sous-utilisé et que vous avez fait déménager votre famille...*

— *Ceci n'a rien à voir avec l'acquisition de Sampa Bons ?*

Ils échangèrent un bref sourire lorsqu'il avait évoqué ce nom ridicule.

Pierre poursuivit :

Je veux dire que s'ils ne comprennent pas pourquoi nous devons agir en ce sens, alors peut-être...

Il eut un moment d'hésitation. Valérie tenta de l'aider à formuler ses pensées :

— *Peut-être quoi ? Peut-être devriez-vous démissionner ?*

Pierre était maintenant dans tous ses états :

— *C'est ce que vous voulez ? Si c'est ça, alors peut-être que je le ferai.*

Valérie ne bougeait pas, laissant Pierre s'enfoncer de plus en plus.

Puis, elle dit :

Cela n'a rien à voir avec ce que je veux. Il s'agit de vous. Vous devez déterminer ce qui a le plus d'importance pour vous : aider l'équipe ou investir dans votre carrière.

Même Valérie trouva son ton un peu dur. Mais, elle savait ce qu'elle faisait :

— *Je ne vois pas pourquoi ces deux options devraient s'exclure mutuellement,* avait objecté Pierre.

— *Elles ne s'excluent pas. C'est seulement que l'une doit avoir plus d'importance que l'autre.*

Pierre fixa le mur, secouant la tête, tentant de décider s'il devait se mettre en colère contre Valérie ou la remercier de lui forcer la main. Il se leva et quitta la pièce.

*

À 14 heures, tout le monde était assis autour de la table de la salle de conférences. Ils attendaient le début de la réunion, tout le monde sauf Pierre et Florin.

Valérie jeta un coup d'œil à sa montre et décida de commencer :

— *Bonjour tout le monde ! Aujourd'hui, nous allons faire un survol rapide des tâches actuelles et celles que nous avons décidé de réaliser lors de notre forum ouvert. Ensuite, nous nous concentrerons sur le plan d'action qui nous permettra d'obtenir les dix-huit nouveaux clients dont nous avons besoin.*

Georges fut sur le point de demander à Valérie où se trouvaient Pierre et Florin lorsque Pierre entra dans la pièce :

— *Désolé, je suis en retard.*

Il n'y avait que deux fauteuils inoccupés autour de la table, l'un à côté de Valérie et l'autre en face d'elle. Il opta pour le plus éloigné.

Étant donné ce qui s'était passé plus tôt, Valérie n'avait pas l'intention de réprimander Pierre pour son retard.

Le reste du groupe sembla comprendre sa retenue :

— *Avant que nous commencions, je voudrais...*

Pierre l'interrompit aussitôt :

— *J'ai quelque chose à dire.*

Tous savaient que Pierre pouvait être arrogant, mais la façon dont il coupa la parole à Valérie, et ce, après être arrivé en retard à la première réunion officielle de l'équipe de direction, frisait l'insolence. Étrangement, Valérie ne sembla absolument pas troublée.

Pierre commença :

Écoutez, je dois déballer ce que j'ai sur le cœur.

Personne ne bougea. Intérieurement toutefois, leur curiosité était piquée :

Premièrement, j'ai eu tort pendant la réunion de ce matin. J'aurais dû m'assurer que Mireille serait présente. Je reconnais que mon commentaire formulé à son sujet n'était pas juste.

Mireille était stupéfaite d'entendre ces paroles. Elle sentit monter la colère, mais sans rien dire.

Pierre se tourna vers elle :

Ne te mets pas dans tous tes états, Mireille. Je t'expliquerai plus tard. Ce n'est pas si grave.

Étrangement, Mireille sembla rassurée par la candeur et la confiance de Pierre. Il poursuivit :

Deuxièmement, même si je crois que nous devrions envisager l'acquisition de Sampa Bons, mon insistance visait surtout à me trouver quelque chose à faire. Voyez-vous, je commence à penser que j'ai fait un mauvais choix de carrière en venant m'établir ici. Je ne cherche que quelque chose à quoi m'accrocher. Je ne sais pas comment je pourrais résumer mes réalisations des dix-huit derniers mois sur mon curriculum vitae.

Thanh regarda Valérie, la seule personne présente qui ne semblait pas choquée par cette révélation. Pierre poursuivit :

Je crois qu'il est temps que je vois la réalité en face et que je prenne une décision.

Il fit une pause avant de continuer :

Les choses doivent changer. Je dois trouver un moyen d'apporter ma contribution à cette équipe, à cette entreprise. J'ai besoin que vous m'aidiez. Sinon, je devrai partir. Mais je ne suis pas encore prêt à envisager cette éventualité.

Valérie aurait aimé pouvoir dire qu'elle avait prévu l'intervention de Pierre. Elle avouerait plus tard à son mari qu'elle avait plutôt pensé qu'il démissionnerait. Même si elle s'était trompée, elle était soudain enchantée à l'idée qu'il reste. Mais elle n'arrivait pas vraiment à s'expliquer pourquoi.

Tous demeurèrent silencieux, ne sachant pas comment réagir devant cet aveu qui ressemblait si peu au caractère de Pierre, ni à celui d'aucun des membres de l'équipe d'ailleurs.

Après quelques instants de malaise Valérie rompit le silence :

— *Je dois vous annoncer quelque chose.*

Adama était persuadé qu'il allait être le témoin d'une vague de tendresse, ou du moins d'un commentaire doucereux et conciliant de la part de Valérie, mais elle dit :

Florin a donné sa démission hier soir.

C'est Adama qui réagit le premier :

— *Pourquoi ?*

— *Ce n'est pas tout à fait clair,* expliqua Valérie. *Du moins, pas d'après ce qu'il m'a dit. Évidemment, il est retourné chez son ancien employeur où il réintégrera son ancien poste de vice-président régional.*

Valérie hésita avant de préciser :

Il m'a aussi dit qu'il ne voulait plus perdre de temps à régler les problèmes personnels de ses collègues pendant des ateliers.

Valérie attendit dans un silence toujours aussi lourd.

C'est Mireille qui parla la première :

— *Bon, y a-t-il quelqu'un ici qui pense que cette histoire de consolidation d'équipe est allée trop loin ? Est-ce que nous améliorons les choses, ou est-ce que nous les aggravons ?*

Même Paul haussa les sourcils, comme s'il mimait le commentaire de Mireille. L'atmosphère de la pièce devenait lourde, de moins en moins favorable pour Valérie.

Puis Adama ajouta :

— *C'est la pire idiotie que je n'ai jamais entendue ! Je crois que Florin avait tout simplement peur de ne pas être capable de vendre nos produits.*

Georges renchérit :

— *Il y a quelques mois, alors que nous prenions une bière à l'aéroport, il m'a avoué qu'il n'avait jamais vendu dans un marché qui n'était pas préétabli. Qu'il préférait miser sur une marque reconnue. Il m'a également dit qu'il n'avait jamais connu l'échec et que ce n'est pas ici qu'il en ferait l'expérience.*

Thanh ajouta :

— *Il détestait qu'on l'interroge à propos des ventes. Il avait l'impression qu'on le harcelait.*

Mireille acquiesça :

— *De toute manière, la majeure partie de nos ventes est l'œuvre d'Adama et de Georges. Je doute que ce gars n'ait jamais su comment...*

Valérie était sur le point d'intervenir lorsque Pierre prit la parole :

— *Écoutez, je sais que je suis mal placé pour parler parce que j'ai toujours été le premier à critiquer Florin derrière son dos. Mais ne jouons plus à ce petit jeu. Il est parti et nous devons décider de ce que nous allons faire.*

Paul se porta volontaire :

— *Je prendrai la relève aux ventes jusqu'à ce que nous trouvions un remplaçant.*

Thanh se sentant suffisamment à l'aise avec Paul pour être tout à fait franche avec lui, même devant leurs coéquipiers :

— *Nous apprécions ton offre. Mais je pense qu'il y a ici deux autres personnes dont l'emploi du temps est moins chargé et qui sont plus expérimentées dans le domaine des ventes.*

Elle regarda Georges assis à côté de Pierre :

— *L'un de vous deux ?*

Georges réagit immédiatement :

— *Comprenez-moi bien. Je ferai tout ce que vous voulez. Cependant, je n'ai jamais dirigé un service des ventes. Je n'ai jamais eu à respecter un quota. J'adore faire affaire avec des investisseurs et des clients, tant et aussi longtemps que j'ai à mes côtés une personne compétente.*

Mireille donna son avis :

— *Pierre, tu as dirigé l'exploitation sur le terrain dans une autre entreprise. Tu as été à la tête d'une équipe de ventes plus tôt dans ta carrière.*

Pierre hocha la tête. Adama ajouta :

— *Je me rappelle lorsque nous avons fait passer une entrevue à Pierre.*

Adama parlait souvent des autres à la troisième personne, comme s'ils ne se trouvaient pas dans la même pièce que lui. Il n'était pas délibérément impoli, seulement un peu distant :

Il a dit qu'il souhaitait se défaire de cette étiquette de directeur de la force de vente. Il voulait jouer un rôle de direction plus général dans l'entreprise.

Pierre hocha de nouveau la tête, flatté qu'Adama se rappelle de certaines données à son sujet :

— *C'est exact. Je me sentais vraiment catalogué comme un vendeur et un homme de terrain.*

Personne ne parla pendant un moment. Pierre poursuivit :

Je dois dire que je suis un excellent vendeur et que j'adore la vente.

Valérie résista à la tentation d'appuyer la candidature de Pierre. Mais pas Georges :

— *Tu as déjà de bonnes relations avec la force de vente. Tu dois admettre que notre incapacité à conclure davantage d'affaires est pour toi une source de frustration.*

Paul ajouta en plaisantant :

— *Allons, Pierre. Si tu ne le fais pas, ils vont accepter mon offre.*

Valérie haussa les épaules en regardant Pierre, l'air de dire : Il a raison :

— *Dans ce cas, j'aurais tort de refuser.*

Tout le monde éclata de rire, juste au moment où l'avertisseur d'incendie se déclencha. Thanh se donnant une petite tape sur le front :

— *Oh ! j'ai oublié. Nous avons un exercice d'évacuation aujourd'hui. Le service d'incendie de la ville exige que nous en fassions deux par année.*

Tous avaient lentement rassemblé leurs affaires.

Adama conclut avec une pointe d'humour :

— *Dieu merci. Je sentais venir les larmes !*

CHAPITRE DOUZE

Quelques jours plus tard, Valérie commença à avoir des problèmes avec son ordinateur portable. Elle fit appel au service des technologies de l'information afin de voir si quelqu'un pouvait le réparer. Ce service composé de quatre personnes est dirigé par Benoit, l'un des subordonnés de Thanh. Étant donné la taille du groupe, il n'était pas rare que Benoit réponde lui-même aux demandes. Surtout si elles sont faites par un cadre, et d'autant plus par la directrice générale.

Benoit arriva sans tarder et mit rapidement le doigt sur le problème. Lorsqu'il dit à Valérie qu'il devait emporter l'ordinateur afin de le réparer, elle accepta en précisant qu'il devrait lui être rendu avant la fin de la semaine :

— *Ah oui ! il y aura bientôt un autre atelier.*

Valérie n'était pas surprise qu'il soit au courant. Elle était même heureuse que les employés sachent à quoi les membres de son équipe consacraient leur temps lorsqu'ils s'absentaient ainsi du bureau. Mais le commentaire suivant de Benoit lui donna matière à réflexion :

J'aimerais être une petite souris pour voir ce qui se passe pendant ces réunions.

Valérie incapable d'ignorer ce commentaire :

— *Ah oui ? Pourquoi donc ?*

Benoit, dont les habiletés techniques n'avaient d'égales que son manque de retenue, répondit sans hésitation :

— *Disons seulement que les employés paieraient cher pour voir Mireille répondre de ses actes.*

Même si Valérie ne pouvait nier ressentir une certaine joie à l'idée que les membres de l'entreprise reconnaissent les problèmes de comportement de Mireille, elle fut, avant tout, déçue par la remarque de Benoit. Elle se demanda combien d'employés étaient au courant de ce qui s'était passé pendant l'atelier. Elle répondit :

— *Ce n'est pas ainsi que je décrirais ce que nous y faisons.*

Valérie savait que Benoit n'y était pour rien. Elle changea de sujet :

De toute manière, merci de vous occuper de mon ordinateur.

Benoit quitta son bureau. Valérie réfléchit à la façon dont elle ferait face à la situation avec Thanh et les autres membres de l'équipe.

*

Le deuxième atelier eut lieu la semaine suivante, à peine quelques jours après la rencontre que tous appelaient maintenant la réunion de l'exercice d'incendie.

Valérie donna le coup d'envoi avec son discours habituel :

— *Nous avons davantage de ressources financières, une meilleure technologie de base, des cadres plus talentueux et expérimentés. Mais nos concurrents ont tout de même une longueur d'avance sur nous. N'oublions pas que nous sommes ici pour apprendre à mieux travailler en équipe.*

Valérie aborda ensuite un sujet difficile, mais d'un ton aussi peu menaçant que possible :

J'ai une question à vous poser. Qu'avez-vous dit à vos employés au sujet de notre premier atelier ?

En dépit de ses efforts, Valérie ne put éviter complètement la création d'une atmosphère tendue dans la pièce :

Je ne suis pas ici pour vous taper sur la tête. Je crois seulement que nous devons tirer les choses au clair en ce qui a trait à notre comportement en tant qu'équipe.

Georges prit le premier la parole :

— *Je n'ai rien dit à mes employés. Pas un seul mot.*

Tous éclatèrent de rire parce que Georges n'avait plus de subordonnés.

Mireille enchaîna :

— *J'ai seulement dit que nous avions fait toutes sortes d'exercices thérapeutiques.*

Elle avait tenté de faire de l'esprit. Mais tout le monde sentit qu'il y avait une part de vérité dans ses paroles. Personne ne rit.

Adama se mit soudain sur la défensive :

— *Si vous avez un problème avec une chose que nous avons*

faite, alors dites-le nous. Parce que je vous avouerai immédiatement que j'ai eu quelques conversations très franches avec mes ingénieurs. Ils veulent savoir si nous perdons notre temps. Je crois qu'ils ont droit à une explication. Si cela équivaut à la violation d'une certaine confidentialité, alors j'en suis désolé.

Tous étaient un peu surpris par cette formulation peu caractéristique, plus longue et plus émotive que ce à quoi Adama les avait habitués.

Valérie retenait un petit rire :

— Holà ! je ne suis furieuse contre personne. Je ne dis pas que nous n'aurions pas dû parler de l'atelier avec nos employés. De fait, j'aurais dû être plus explicite la dernière fois à propos de la nécessité d'en parler.

Adama sembla soulagé et un peu embarrassé.

Puis, Thanh intervint :

— J'en ai probablement dit plus que quiconque. Je suppose que c'est un de mes employés qui vous en a parlé ?

Valérie eut l'impression qu'elle venait de se faire surprendre par Thanh :

— En effet, c'est à cause de l'un de vos employés que j'ai posé cette question.

Mireille sembla apprécier que Thanh se distingue à son tour.

Valérie poursuivit :

Il ne s'agit pas de vous ou de quiconque en particulier. J'essaie seulement de comprendre comment cela se passe au sujet à la confidentialité et en matière d'allégeances.

— Que voulez-vous dire par allégeances ? Demanda Pierre.

— Je veux dire par là les gens que vous considérez comme faisant partie de votre équipe principale.

Valérie ne fut pas étonnée par la confusion qui régnait maintenant dans la pièce. Elle expliqua :

Je ne vous fais pas un sermon sur la confidentialité des informations. En fait, ce n'est pas le principal motif de mon intervention. Cela va plus loin.

Valérie se sentit frustrée par son incapacité à mieux formuler le problème.

Elle ne put s'empêcher d'être un peu brusque :

Ce que j'essaie de savoir, c'est si, oui ou non, vous croyez que cette équipe est aussi importante à vos yeux que l'équipe que vous dirigez, c'est-à-dire votre service ?

Soudain, tous semblèrent comprendre et se sentirent mal à l'aise avec la réponse qui s'imposait dans leur esprit. Thanh posa une question :

— *Donc, vous vous demandez si nous confions à nos subalternes des informations que nous devrions garder pour nous, à l'intérieur de cette équipe ?*

Valérie hocha la tête.

Mireille fut la première à réagir :

— *Je me sens beaucoup plus près de mes employés que des membres de cette équipe. Je suis désolée, mais c'est la vérité.*

Pierre acquiesça :

— *Je dirais que c'est probablement la même chose pour moi, exception faite de l'équipe de ventes dont je viens de prendre la responsabilité. Il réfléchit un instant, je peux dire que d'ici quelques semaines, je serai sans doute plus près de mes nouveaux subalternes que des membres de cette équipe.*

Bien que le commentaire de Pierre fût lancé comme une plaisanterie et qu'il provoqua un petit rire général, la triste réalité qu'il renfermait sembla démoraliser tout le monde.

Thanh prit ensuite la parole :

— *Je pense que chacun d'entre nous estime probablement que sa propre équipe est plus importante que celle-ci, elle hésita avant d'aller jusqu'au bout de sa pensée, mais personne davantage que moi.*

Ce dernier commentaire capta l'attention de toute la tablée :

— *Voulez-vous vous expliquer ?* Demanda doucement Valérie.

— *Comme vous le savez tous, j'ai des liens très étroits avec mes employés. Cinq de mes huit subordonnés ont travaillé pour moi dans d'autres entreprises. Je suis en quelque sorte une mère pour eux.*

Paul dit en plaisantant :

— *C'est une mère poule.*

Tous éclatèrent de rire.

Thanh sourit et hocha la tête :

— *Oui, je dois l'admettre. Je ne suis pas protectrice à l'extrême. Ils savent tout simplement que je ferais pratiquement n'importe quoi pour eux.*

Valérie hocha la tête, assimilant cette déclaration.

Adama prit le parti de Thanh :

— *Ce n'est pas une mauvaise chose. Mes ingénieurs savent que je les protège. Ils me le rendent au centuple.*

Thanh ajouta :

— *Ils ne baissent pas les bras dans les situations difficiles. Mes employés sont extrêmement loyaux.*

Valérie se contenta d'écouter. Pierre sentit qu'elle était sur le point d'offrir un avis contraire, il dit :

— *Pensez-vous vraiment que ce soit un problème ? Je croyais que vous vouliez que nous soyons de bons gestionnaires.*

— *C'est ce que je veux, bien entendu,* leur assura Valérie. *Je suis heureuse de constater que vous entretenez des relations aussi étroites avec vos employés. Cela concorde avec les constatations que j'ai faites lors de mes premières rencontres avec le personnel.*

Tous attendaient, l'air de dire : Alors, quel est le problème ?

Valérie poursuivit :

Lorsqu'une entreprise compte dans ses rangs de bons gestionnaires qui ne travaillent pas en équipe, cela peut conduire à une impasse, aussi bien pour l'entreprise que pour les gestionnaires eux-mêmes. Il arrive parfois que ces derniers perdent de vue leur équipe principale.

Georges demanda des éclaircissements :

— *Leur équipe principale ?*

— *Oui, votre équipe principale. Tout ceci est étroitement relié au dernier comportement clé. L'atteinte des objectifs par l'équipe doit l'emporter sur les préoccupations individuelles. Votre équipe principale doit être celle-ci.*

Elle appuya son affirmation d'un regard circulaire :

Quelle que soit l'étroitesse des relations que nous entretenons avec nos employés. Aussi formidables que celles-ci puissent leur paraître, cela ne doit tout simplement pas nuire à la loyauté et à l'engagement que les membres de l'équipe de direction, ici présente, ont les uns envers les autres.

L'équipe digérait ses remarques et en saisissait toute la complexité.

Thanh fut la première à prendre la parole :

— C'est délicat, Valérie. Je veux dire que je pourrais très bien rester assise ici. Me montrer d'accord avec vous. Vous dire sans enthousiasme que ceci est mon équipe principale. Mais je ne vois absolument pas comment je pourrais renoncer à tout ce que j'ai bâti dans mon service.

Paul tenta de trouver le juste milieu :

— Je ne crois pas que tu doives y renoncer.

Il se tourna vers Valérie en quête d'une confirmation.

Elle grimaça, comme si elle redoutait d'avoir à poursuivre :

— Il n'est pas nécessaire de renoncer à tout ça. Pourtant, vous devez être prêts à reléguer ces relations au second plan. Pour beaucoup d'entre vous, cela pourrait fort bien ressembler à un abandon.

Quelque peu découragés, les membres du groupe réfléchirent à cette difficile proposition.

Georges tenta d'alléger l'atmosphère :

— Imaginez comment cela a été pénible pour moi. Vous étiez mon équipe principale. Je n'avais personne d'autre vers qui me tourner pour me plaindre.

Tous, incluant Mireille, éclatèrent de rire. Même si Georges plaisantait, ils se rendaient tous compte qu'il y avait un fond de vérité dans ses paroles. Ils en étaient désolés pour lui.

Valérie ressentit le besoin de clarifier un point :

— Je ne sais pas comment le formuler autrement. Mais consolider une équipe est difficile.

Personne ne parla. Valérie voyait que le doute s'installait en eux. Elle ne se laissa pas rebuter. Il semblait que ce ne soit pas l'importance de l'équipe qu'ils mettaient en doute, mais plutôt leur capacité à en former une. Valérie avait toujours préféré ce genre d'incertitude.

Valérie poursuivit :

Écoutez. Il n'y a pas de solution instantanée. Il s'agit d'un processus. Il est inutile de nous enliser et de nous contempler le nombril pendant plus de quelques minutes. Contentons-nous de former une équipe ! La perspective de lui donner priorité ne vous paraîtra peut-être plus aussi décourageante.

Le groupe sembla prêt à se libérer de ses craintes. Valérie posa une simple question pour faire progresser les choses :

Où en sommes-nous ?

Georges prit la parole :

— *Je crois que nous ne pouvons pas nier ce qui s'est passé depuis le premier atelier. C'est-à-dire que si vous m'aviez dit que Florin démissionnerait et que nous aurions aussitôt un remplaçant en la personne de Pierre, je vous aurais accusés d'avoir tout organisé depuis le début.*

Pierre acquiesça :

— *Je n'avais jamais pensé faire ce travail. Je n'avais certainement pas pensé y prendre plaisir. Je crois que nous pouvons très bien nous en tirer. Toutefois, nous avons encore beaucoup de chemin à parcourir avant d'atteindre nos objectifs de vente.*

Valérie réorienta la discussion :

— *Où en sommes-nous en tant qu'équipe ?*

Thanh répondit :

— *Je crois que nous nous débrouillons mieux. Il semble que nous allions dans la bonne direction. Nous avons des débats nettement plus productifs. Mais je commence à avoir des doutes.*

D'ordinaire, une remarque de ce genre à cette étape du processus n'aurait pas surpris Valérie. Sauf qu'elle avait été faite par Thanh :

— *Pourquoi donc ?* demanda-t-elle.

Paul interrompit :

— *Je ne sais pas. Je suppose que j'ai encore le sentiment que nous ne parlons pas toujours des vrais problèmes. Peut-être que je suis tout simplement trop impatient.*

— *À quels problèmes penses-tu ?* Demanda Thanh.

— *Je ne voudrais pas faire de remous...*

Valérie l'interrompit :

— *Je veux que vous en fassiez.*

Paul sourit :

— *Je me demande parfois si nos ressources sont bien employées.*

Adama donna l'impression qu'il se sentait ciblé par la remarque de Paul. Il avait raison :

— *Qu'entends-tu par ressources ?*

Paul balbutia :

— *Je ne sais pas. Je dirais que nous avons un groupe d'ingénieurs assez imposant, près du tiers de l'entreprise, je crois. Nous pourrions probablement affecter davantage de ressources aux ventes, au marketing et aux services conseils.*

Adama ne se laissa pas émouvoir. Il préféra adopter ce qu'il appelait une approche cynique. Il était sur le point de répondre à Paul lorsque Mireille intervint :

— *Je suis d'accord avec Paul. Franchement, je n'ai aucune idée de ce que font la moitié de nos ingénieurs. Je salive à l'idée d'utiliser notre argent pour améliorer nos activités de marketing et de publicité.*

Adama laissa échapper un soupir, l'air de dire : Et c'est reparti.

Tous avaient senti son hostilité.

Valérie prépara le terrain pour ce qui allait suivre :

— *Très bien, réglons cette question. Ne présupposons pas que nous faisons fausse route. Nous avons le devoir, envers nos actionnaires et nos employés, de répartir adéquatement nos ressources financières. Il ne s'agit pas d'une guerre sainte, mais plutôt d'une stratégie.*

Ayant quelque peu désamorcé la tension, Valérie alimenta ensuite la flamme en s'adressant directement à Adama :

Je suppose que vous en avez assez d'entendre les gens remettre en question nos investissements dans l'ingénierie ?

Adama répondit d'un ton calme, mais avec intensité :

— *Vous avez entièrement raison. Ce que les gens ne semblent pas comprendre, c'est que nous n'investissons pas dans l'ingénierie, mais dans la technologie. Notre entreprise fabrique des produits. Ce n'est pas comme si j'offrais des voyages de golf à des ingénieurs.*

— *Allons, Adama,* s'exclama Pierre, *les ingénieurs ne jouent pas au golf !*

Après avoir détendu l'atmosphère avec cette plaisanterie, le nouveau directeur des ventes résuma la conversation :

— *Nous ne disons pas que tu n'assumes pas tes responsabilités, mais que tu n'es peut-être pas tout à fait impartial.*

Adama n'étant pas prêt à capituler :

— *Impartial ? Écoutez, je fais autant de représentations que n'importe qui ici. Je parle à des analystes...*

Thanh intervint :

— *Un instant, Adama. Nous ne doutons pas de ton engagement envers l'entreprise. C'est seulement que tu connais l'ingénierie plus que tout autre domaine. C'est peut-être pour cette raison que tu privilégies les investissements dans les produits.*

Thanh aborda ensuite le cœur du sujet :

Pourquoi te mets-tu sur la défensive lorsque quelqu'un fait un commentaire à propos de l'ingénierie ?

C'est comme si Thanh jetait un seau d'eau froide à la tête d'Adama, éclaboussant en même temps tous ceux qui se trouvaient dans la pièce.

Mireille en rajouta, mais plus gentiment qu'à l'accoutumée :

— *Elle a raison. Tu réagis comme si nous doutions de ton intelligence.*

Adama répliqua, plus calmement :

— *N'est-ce pas ce que vous faites ? Vous dites que je surestime la quantité de ressources nécessaires à la production et à l'entretien de nos produits.*

Thanh fournit une explication avec plus de tact que n'aurait pu le faire Mireille :

— *Non, ça va plus loin que ça, Adama. Nous nous demandons jusqu'où nous devons pousser la qualité du produit pour nous démarquer sur le marché. Nous nous demandons combien d'efforts nous devons fournir dans le développement des nouvelles technologies sans que cela n'empêche le marché d'adopter la technologie que nous offrons actuellement.*

Valérie délaissa son rôle d'animatrice afin d'appuyer le point de vue de Thanh :

— *Il est absolument impossible que vous y arriviez seul. Je ne crois pas qu'il y ait quelqu'un ici qui soit assez intelligent et dont le champ de connaissances soit suffisamment vaste, pour trouver une solution sans d'abord tenir compte de l'expertise de chacun d'entre nous.*

Ironiquement, plus l'explication était raisonnable, plus Adama donnait l'impression d'être blessé :

— *Écoutez, après tout le temps que nous avons consacré à l'élaboration de nos produits, je n'ai pas envie de lire une foutue épitaphe qui attribue la disparition de notre entreprise à une mauvaise technologie.*

Avant que quelqu'un n'ait le temps de lui faire remarquer qu'il s'agissait là d'une illustration flagrante d'un manquement au cinquième comportement clé, Adama avait repris la parole :

— *Et oui, je sais que j'ai l'air plus intéressé à éviter tout blâme personnel qu'à contribuer au succès de l'entreprise, mais...*

Il ne semblait pas avoir de motif valable pour expliquer son comportement.

Thanh le tira d'affaire :

— *Pourquoi crois-tu que je sois aussi rigoureuse lorsqu'il s'agit de nos finances ?* Elle posa cette question pour la forme. Elle y répondit donc elle-même. *La dernière chose que je souhaite, c'est lire dans le Wall Street Journal que nous avons mal géré nos ressources financières et que nous avons dû fermer nos portes. Paul ne veut pas que des problèmes de soutien au client nous fassent couler. Mireille ne souhaite pas que nous essuyions un échec parce que nous n'avons pas su établir notre marque.*

Malgré une répartition aussi égale des responsabilités, Mireille ne sembla pas prête à accepter sa juste part. Elle lança un regard à Thanh qui semblait exprimer : Ce n'est pas ça qui m'inquiète.

Thanh l'ignora et poursuivi à l'intention des autres participants :

On dirait que nous sommes tous en train de nous ruer vers les canots de sauvetage du Titanic.

— *Je ne crois pas que nous soyons à ce point désespérés,* rétorqua Pierre.

Valérie nuança la métaphore de sa directrice des services financiers :

— *Nous nous efforçons alors de demeurer tout près d'eux, au cas où.*

Pierre hocha la tête, l'air de dire : Très bien, je vous l'accorde.

Valérie remit la conversation sur ses rails en posant à Adama la question :

Donc, où en étions-nous ?

Adama respira profondément, secouant la tête comme s'il désapprouvait tout ce qui venait d'être dit. Puis il surprit tout le monde :

— *D'accord, réglons cette question.*

Il alla vers le tableau blanc. Il traça l'organigramme de son service, décrivant les tâches de chacun de ses employés et la façon dont ils interagissaient. Ses coéquipiers étaient réellement étonnés, à la fois par tout ce qu'ils ignoraient jusque-là du fonctionnement du service technique et de l'ensemble cohésif qu'il formait.

Lorsque Adama se tut, Valérie donna deux heures aux participants afin qu'ils discutent des avantages d'un accroissement ou d'une diminution des ressources allouées à l'ingénierie et de leur utilisation dans d'autres secteurs de l'entreprise. Les membres de l'équipe discutèrent ferme par moments, changeaient leur fusil d'épaule, se repliaient sur leur point de vue original. Puis ils proposèrent de nouvelles approches de solutions.

Peut-être plus important encore, chaque membre de l'équipe, incluant Valérie, avait au moins une fois pris le marqueur et était allé au tableau blanc d'expliquer son point de vue. Si quelqu'un avait laissé échapper un bâillement, c'était davantage attribuable à l'épuisement qu'à l'ennui.

Finalement, ce fut Georges qui apporta la solution. Il proposa de renoncer à l'ensemble d'une future gamme de produits et de retarder la production d'une autre gamme d'au moins six mois. Pierre suggéra alors de redéployer les ingénieurs affectés à ces projets, et de leur offrir une formation en vente afin qu'ils aident les représentants pendant les présentations des produits.

En l'espace de quelques minutes, le groupe arriva à un accord. Il dressa les grandes lignes d'un plan d'action dynamique pour la mise en œuvre des changements. Il fixa ensuite avec stupéfaction la solution complexe mais réalisable qui s'étalait devant leurs yeux.

Valérie suggéra alors qu'ils fassent une pause pour le repas et ajouta :

— *Au retour, nous parlerons de la façon de mieux gérer les comportements interpersonnels et du concept d'imputabilité.*

— *Je meurs d'impatience !*

La remarque bouffonne d'Adama n'était pas empreinte de cynisme. Tous le sentirent bien.

CHAPITRE TREIZE

Après le repas, déterminée à maintenir le rythme de la séance de la matinée, Valérie décida que la meilleure chose à faire était de mettre l'accent sur des problèmes réels plutôt que sur des exercices.

Elle demanda à Pierre d'animer une discussion sur les progrès réalisés par l'équipe dans leur projet d'acquisition de dix-huit nouveaux clients. Il alla au tableau et inscrivit les quatre éléments clés dont le groupe avait convenu lors du premier atelier : présentation des produits, analyse de la concurrence, formation en vente et dépliants sur les produits.

Pierre entreprit de réviser chaque élément :

— *Bon, Adama, où en es-tu avec le projet de présentation des produits ?*

— *Nous sommes en avance sur nos prévisions. Il s'avère que c'est un peu plus facile que nous le pensions. Nous devrions avoir terminé une semaine ou deux plus tôt que prévu. Paul nous a beaucoup aidés.*

— *Fantastique ! et l'analyse de la concurrence ? Paul ?*

Paul feuilleta une pile de feuillets qui se trouvait devant lui sur la table :

— *J'ai apporté un résumé, mais je n'arrive pas à le trouver, il* abandonna ses recherches, *de toute manière, nous n'avons pas vraiment commencé. Je n'ai pas réussi à organiser une seule réunion.*

— *Pour quelle raison ?*

— *Honnêtement, parce que plusieurs de tes employés n'étaient pas libres. Puis j'ai aidé Adama à préparer son projet de démos.*

Silence.

Pierre opta pour une approche constructive :

— *Très bien. Lesquels de mes employés n'étaient pas libres ?*

Paul ne voulant pointer personne du doigt :

— *Je ne veux pas les blâmer, mais c'est que...*

Pierre l'interrompit :

— *Ça va, Paul. Dis-moi seulement qui doit se montrer plus réceptif.*

— *Je crois que Bernard joue un rôle clé. Je ne suis pas certain que...*

Valérie intervint :

— *Quelqu'un voit-il un problème ici ?*

Pierre fut le premier à répondre :

— *Oui, il faut que je fasse part de nos priorités à mes employés. Que je m'assure qu'ils sont prêts à les appuyer.*

Valérie acquiesça :

— *Mais ce n'était pas la réponse qu'elle voulait entendre : Qu'en est-il de Paul ? Ne croyez-vous pas qu'il aurait dû régler ce problème avec vous avant aujourd'hui ? Aucun d'entre vous n'a réagi lorsqu'il a dit qu'il n'avait pas encore commencé l'analyse de la concurrence.*

Encore un silence plein de gêne.

Paul suffisamment sûr de lui décida de ne pas réagir outre mesure à la remarque de sa patronne. Pour le moment, il semblait y réfléchir avec objectivité. Adama prit la parole :

— *Il est difficile de mettre le grappin sur quelqu'un qui est toujours débordé.*

Valérie hocha la tête et ajouta d'un ton ferme :

— *Vous avez raison. Mais ce n'est pas une bonne excuse. Le fait est que Paul est l'un des directeurs de l'entreprise. Il doit fixer des priorités en fonction de notre plan d'action. Il doit talonner ceux qui ne sont pas réceptifs à ses demandes.*

Sentant que Paul commençait à se sentir un peu trop visé, elle s'adressa directement à lui :

Je me sers de vous comme exemple, Paul, parce que vous êtes toujours prêt à rendre service. Cela pourrait s'appliquer à n'importe qui. Il est difficile de tenir certaines personnes imputables parce qu'elles sont très serviables et d'autres parce qu'elles se mettent sur la défensive ou parce qu'elles sont intimidantes. Je ne crois pas qu'il soit facile de demander à quiconque de rendre des comptes, même pas à vos propres enfants.

Quelques-uns des membres de l'équipe hochèrent la tête en guise d'assentiment. Valérie poursuivit :

Je veux que vous vous mettiez mutuellement au défi dans tout ce que vous faites, que vous soyez mutuellement imputables de votre gestion du temps et des progrès que vous réalisez.

Mireille objecta :

— *Ça ressemble à une absence de confiance.*

Valérie secoua la tête :

— *Non, faire confiance n'est pas la même chose que de supposer que tout le monde est sur la même longueur d'onde. Que personne n'a besoin d'être suivi. Faire confiance, c'est savoir que lorsqu'un membre de l'équipe vous pousse dans le dos, il le fait parce qu'il se soucie de l'équipe.*

Pierre précisa :

— *Il faut savoir le faire avec tact.*

Son affirmation ressemblait un peu à une question, et Valérie répondit :

— *Absolument. Insistez avec respect, en tenant pour acquis que l'autre personne est probablement sur la bonne voie. Mais insistez tout de même. Ne vous retenez jamais.*

Les membres de l'équipe semblaient bien assimiler ce point. Valérie fit une courte pause. Puis elle demanda à Pierre de continuer. Il s'exécuta avec plaisir :

— *D'accord. Nous en sommes au point numéro trois, c'est-à-dire le programme de formation en vente. J'en suis responsable. J'ai la situation bien en main. J'ai prévu une séance de formation de deux jours pour nos représentants. Je crois que tous les membres de l'équipe de direction devraient également y assister.*

Mireille parut incrédule :

— *Pourquoi ?*

— *Parce que nous devons tous nous considérer comme des vendeurs. Surtout si l'acquisition de dix-huit nouveaux clients est notre priorité numéro un.*

Valérie ne laissant pas de place au doute :

— *Et ça l'est !*

Pierre poursuivit :

— *Nous aurons tous un rôle à jouer. Nous devons savoir comment aider nos représentants.*

Pierre indiqua la date de la séance de formation. Tous la notèrent dans leur agenda. Mireille semblait toujours aussi agacée :

Y a-t-il un problème Mireille ?

— *Non, non. Continue.*

Pierre ne put se contenter de cette réponse. Contenant la frustration qu'il ressentait, il insista :

— *Non. Si tu penses avoir une bonne raison de ne pas assister à cette séance de formation, je veux la connaître.*

Il fit une pause pour lui permettre de répondre. Mais comme elle se taisait, il poursuivit :

Franchement, je ne vois pas ce qu'il pourrait y avoir de plus important.

Finalement, Mireille répondit d'un ton sarcastique :

— *D'accord, j'aimerais que vous assistiez tous à ma réunion du groupe de marketing la semaine prochaine.*

Pierre se maîtrisa une fois de plus :

— *Vraiment ? Parce que si tu crois que nous devrions tous y être. Nous y serons !*

Mireille ne tenant pas compte de son offre :

— *Oublie ça. J'assisterai à la séance de formation. Je n'ai pas besoin de vous, exception faite d'Adama, pour tenir ma réunion.*

En cet instant précis, Valérie eut la certitude que Mireille devait quitter l'entreprise. Malheureusement, les cinq minutes qui allaient suivre rendraient les choses bien plus difficiles qu'elle ne l'aurait souhaité.

Pierre passa au quatrième élément de sa liste :

— *Très bien, où en sommes-nous avec les dépliants sur les produits ?*

Mireille répondit :

— *Nous avons terminé.*

La tentative de Mireille pour éviter de paraître suffisante sauta aux yeux.

Pierre avait l'air quelque peu surpris :

— *Vraiment ?*

Sentant que ses pairs ne la croyaient pas vraiment, Mireille prit une pile de feuillets en papier glacé dans sa sacoche d'ordinateur et les distribua :

— *Ils seront mis sous presse la semaine prochaine.*

Le silence régna dans la pièce pendant que tous examinaient la conception graphique et lisaient le texte. Valérie sentit que la plupart d'entre eux étaient ravis de la qualité du matériel. Pierre semblait mal à l'aise :

— *Avais-tu l'intention de m'en parler ? Car, vois-tu, certains de nos représentants font actuellement des recherches sur la clientèle dans le but de participer à la conception de ces dépliants. Ils seront certainement un peu vexés lorsqu'ils découvriront que leur contribution n'a pas été...*

Mireille l'interrompit :

— *Mon personnel est mieux informé que quiconque dans ce domaine. Si tu veux que quelqu'un de ton service ajoute son grain de sel, je n'y vois pas d'inconvénient.*

Il était clair qu'elle ne jugeait pas cela indispensable.

Pierre semblait partagé entre l'admiration et l'indignation :

— *Très bien, je te donnerai la liste de deux ou trois personnes à qui tu devrais parler avant que nous allions plus loin.*

Toute excitation relative aux progrès de Mireille était amoindrie par la façon dont elle se comportait avec Pierre.

Georges tenta de détendre l'atmosphère :

— *En tout cas, ton personnel et toi avez fait un excellent travail.*

Mireille apprécia un peu trop le compliment :

— *J'ai travaillé dur sur ce projet. C'est ce que je fais le mieux.*

Tous les membres de l'équipe étouffèrent un grognement devant le perpétuel manque d'humilité de leur collègue.

Dans un rare moment d'impulsivité, Valérie conclut qu'elle ne pouvait pas attendre plus longtemps. Après avoir annoncé un long temps d'arrêt jusqu'au repas de dix-huit heures, elle renvoya tout le monde, sauf Mireille.

CHAPITRE QUATORZE

Dès que les membres de l'équipe quittèrent la salle et refermèrent la porte derrière eux, Valérie fut envahie par le remords et le désir d'aller faire un tour, seule : Comment faire pour m'en sortir ? se demandait-elle, sachant qu'il était trop tard pour faire marche arrière.

Mireille sembla n'avoir aucune idée de ce qui allait se passer. Valérie fut incapable de déterminer si cette ignorance rendrait les choses plus faciles ou plus difficiles.

Elle le découvrirait bien assez tôt.

— *Cette conversation ne sera pas facile, Mireille.*

La directrice du marketing parut soudain comprendre. Mais elle le cacha immédiatement : — *Ah bon ?*

Valérie respira profondément et alla droit au but :

— *Je ne crois pas que vous ayez votre place dans cette équipe. Je ne crois pas que vous souhaitiez vraiment en faire partie. Voyez-vous où je veux en venir ?*

Mireille sembla estomaquée, ce qui prit Valérie au dépourvu : Elle aurait dû s'en douter, grommela-t-elle en son for intérieur.

Mireille n'en croyait pas ses oreilles :

— *Moi ? Vous plaisantez ! De tous les membres de cette équipe, vous croyez que je...*

Elle laissa sa phrase en suspens, les yeux fixés sur Valérie :

Moi ?

Étrangement, Valérie se sentit tout à coup beaucoup plus à l'aise maintenant qu'elle voyait la réaction de Mireille. Au cours de sa carrière, elle avait eu affaire avec suffisamment de cadres *manipulateurs* pour demeurer ferme devant leur supposé étonnement. Mais Mireille était plus habile que la moyenne des cadres :

Sur quoi vous basez-vous pour dire ça ? Demanda Mireille.

Valérie expliqua calmement :

— *Mireille, il semble que vous ne respectiez pas vos collègues.*

Vous refusez de vous ouvrir à eux. Pendant les réunions, vous êtes pour eux une source de distraction et de découragement. Pour moi également.

Même si elle ne doutait pas de la véracité de ses propos, Valérie prit soudainement conscience du caractère superficiel qu'aurait pu leur attribuer quelqu'un d'étranger à la situation :

— *Vous croyez que je ne respecte pas mes collègues ? Le problème, c'est qu'ils ne me respectent pas.*

En prononçant ces paroles, Mireille comprit la gravité de son autoaccusation accidentelle. Légèrement déstabilisée, elle tenta de s'expliquer :

— *Ils n'apprécient pas mon expertise à sa juste valeur ni mon expérience. Ils ne comprennent absolument rien à la mise en marché de logiciels.*

Valérie l'écouta en silence, de plus en plus certaine de la justesse de sa décision avec chaque mot que Mireille prononçait. Sentant cela, Mireille attaqua, d'un ton plus calme, mais néanmoins rempli d'animosité :

Valérie, comment croyez-vous que va réagir le conseil d'administration lorsqu'il apprendra mon départ ? En moins d'un mois, vous aurez perdu votre directeur des ventes et votre directrice du marketing. À votre place, je m'inquiéterais sérieusement pour mon poste.

— *Merci de vous soucier de moi, Mireille.*

La réponse de Valérie était à peine teintée de sarcasme :

Mon travail ne consiste pas à éviter les débats avec le conseil d'administration. Mon travail consiste à constituer une équipe de direction qui saura garantir la réussite de cette entreprise.

Adoptant un ton plus compatissant, elle ajouta :

Je suis persuadée que vous n'aimez pas faire partie de cette équipe.

Mireille respira profondément :

— *Croyez-vous vraiment que mon départ sera bénéfique pour l'entreprise ?*

Valérie hocha la tête :

— *Oui. Honnêtement, je crois que ce sera également bénéfique pour vous.*

130

— *Qu'est-ce qui vous fait dire ça ?*

Valérie décida de se montrer aussi sincère et aimable que possible :

— *Vous trouverez peut-être une entreprise où vos talents et votre style seront plus appréciés.*

Valérie aurait préféré ne pas poursuivre. Mais elle réalisa que Mireille avait tout intérêt à entendre ce qu'elle avait à dire :

Je crois également que ça pourrait ne pas être facile si vous ne jetez pas un regard critique sur vous-même.

— *Qu'est-ce que ça signifie ?*

— *Ça signifie que vous semblez amère, Mireille. Cela a peut-être un lien avec Synergance...*

Mireille ne permit pas à Valérie d'aller plus loin :

— *Cela a certainement un lien avec Synergance, je n'ai jamais eu ce genre de problèmes auparavant.*

Valérie était persuadée que c'était faux et décida de ne pas enfoncer plus le couteau dans la plaie :

— *Alors, vous serez certainement plus heureuse ailleurs.*

Mireille fixa la table devant elle. Valérie eut le sentiment qu'elle s'accommodait de la situation. Et même qu'elle l'acceptait. Elle eut tort.

*

Mireille prit congé afin de rassembler ses esprits. À son retour, quelques minutes plus tard, elle sembla plus émotive et plus déterminée que jamais :

— *Très bien. Tout d'abord, je ne démissionnerai pas. Vous devrez me congédier. Mon mari est avocat. Ce ne sera pas une mince affaire pour vous d'intenter des poursuites contre moi.*

Valérie ne broncha pas. Elle répondit avec beaucoup de sincérité et de sympathie :

— *Je ne vous congédie pas. Vous n'êtes pas obligée de partir.*

Mireille sembla déconcertée. Valérie clarifia la situation :

Votre comportement devra changer du tout au tout. Il devra changer rapidement.

Valérie fit une pause pour permettre à Mireille d'assimiler ce qu'elle venait de dire :

Mais, franchement, je ne suis pas certaine que vous souhaitiez faire cet effort.

L'expression de Mireille le confirma. Elle se défendit néanmoins :

— *Je ne crois pas que mon comportement soit le problème.*

Valérie répliqua :

— *Ce n'est certainement pas le seul, mais c'est vraiment un problème. Vous ne participez à aucune activité à l'extérieur de votre service. Vous n'acceptez pas la critique de vos pairs. Vous ne vous excusez pas lorsque vous agissez de façon inappropriée.*

— *Quand ai-je agi de façon inappropriée ?* Demanda Mireille.

Valérie n'arriva pas à déterminer si Mireille jouait à l'effarouchée ou si elle était à ce point inconsciente sur le plan social. Dans un cas comme dans l'autre, elle devait tirer ça au clair, calmement :

— *Je ne sais pas par où commencer. Vous roulez constamment des yeux. Vous faites sans cesse des remarques offensantes et irrespectueuses, en traitant Adama de salaud, par exemple. Vous ne manifestez pas beaucoup d'intérêt pour cette séance de formation en vente, même si c'est étroitement lié à la priorité numéro un de l'entreprise. Je qualifierais tous ces comportements d'inappropriés.*

Mireille demeura silencieuse et un peu étourdie. Devant des faits aussi clairement établis, elle réalisa tout à coup l'ampleur du conflit dans lequel elle était prise. Toutefois, il lui restait encore des munitions. Elle n'avait pas l'intention de capituler aussi facilement :

— *Écoutez, j'en ai assez d'entendre les gens se plaindre de moi. Je ne changerai certainement pas dans le but de cadrer avec ce groupe de gens non opérationnels. Je ne vous rendrai pas la tâche facile en donnant ma démission. C'est une question de principe.*

Valérie demeura sûre d'elle :

— *Quel principe ?*

Mireille fut incapable de donner une réponse précise. Elle se contenta de regarder Valérie froidement, en secouant la tête.

Presque toute une minute s'écoula. Valérie résista à la tentation de briser le silence, espérant que Mireille réfléchisse et reconnaisse la futilité de ses arguments.

Finalement, Mireille dit :

— *Je veux une compensation pour perte d'emploi équivalente à trois mois de salaire, toutes mes options d'achat d'actions acquises, et une mention relative à mon départ volontaire dans les comptes rendus officiels.*

Soulagée, Valérie était on ne peut plus heureuse de pouvoir se plier aux exigences de Mireille. Cependant elle ne voulait pas le montrer sur-le-champ :

— *Je ne suis pas certaine de pouvoir vous accorder tout ça. Mais je vais voir ce que je peux faire.*

Il eut un autre silence embarrassé :

— *Donc, voulez-vous que je parte immédiatement, avant même le repas ?*

Valérie hocha la tête :

— *Vous pourrez venir chercher vos affaires au bureau la semaine prochaine et vous arranger avec les ressources humaines en ce qui a trait à votre indemnité de départ. À condition bien sûr que j'arrive à obtenir ce que vous voulez.*

— *Vous savez que vous vous retrouvez le bec à l'eau, n'est-ce pas ?*

Mireille voulant punir Valérie, d'une manière ou d'une autre.

Je veux dire que vous n'avez plus personne à la tête des ventes et du marketing. Ça ne m'étonnerait pas que vous perdiez quelques-uns de mes employés par suite de mon départ.

Valérie avait connu ce genre de situations à de nombreuses reprises. Elle avait passé suffisamment de temps avec les employés de Mireille pour savoir qu'ils n'ignoraient rien des défauts de leur directrice. Toutefois, elle laissa paraître une certaine inquiétude :

— *Eh bien ! je comprendrais certainement si cela arrivait. Mais j'espère que ce ne sera pas le cas.*

Mireille secoua, encore une fois, la tête comme si elle était sur le point de se lancer dans une autre critique virulente. Mais elle prit sa sacoche d'ordinateur et quitta la pièce.

*

Valérie consacra le reste de la pause à une longue promenade le long de la rivière. Lorsque le groupe se réunit à nouveau, elle se sentait détendue, mais pas du tout préparée à ce qui était sur le point d'arriver.

Avant que Valérie n'ait le temps d'aborder le sujet, Pierre demanda :

— *Où est Mireille ?*

Valérie annonça la nouvelle sans trop laisser paraître son soulagement :

— *Mireille ne reviendra pas. Elle quitte l'entreprise.*

Valérie prévoyait une autre réaction de la part des membres de l'équipe. Ils semblaient tous surpris :

— *Comment cela est-il arrivé ?* Demanda Thanh.

— *Ce que j'ai à vous dire doit demeurer strictement confidentiel à cause des questions d'ordre juridique relatives au départ des employés.*

Tous hochèrent la tête. Valérie alla droit au but :

J'ai bien vu que Mireille n'était pas disposée à modifier son comportement. Cela nuisait à l'équipe. Je lui ai demandé de quitter l'entreprise.

Tous demeurèrent silencieux. Les regards glissèrent de l'un à l'autre et aussi sur les dépliants qui se trouvaient toujours sur la table.

Finalement, Paul prit la parole :

— *WOW ! je ne sais pas quoi dire. Comment a-t-elle réagi ? Et qu'est-ce que nous allons faire avec le marketing ?*

Pierre enchaîna avec sa propre liste de questions :

— *Qu'allons-nous dire aux employés ? À la presse ?*

Bien qu'étonnée par leur réaction, Valérie trouva rapidement une réponse :

— *Je ne veux pas m'étendre sur la réaction de Mireille. Elle était un peu surprise, assez en colère, ce qui n'a rien d'étonnant en pareille circonstance.*

Le groupe attendit que Valérie réponde aux autres questions. Elle poursuivit :

Pour ce qui est du marketing, nous allons nous mettre à la recherche d'un nouveau directeur. Nous avons beaucoup de gens solides dans l'entreprise qui peuvent prendre la relève d'ici là. Je n'ai aucune inquiétude à cet égard.

Tous semblèrent comprendre et accepter l'explication de Valérie :

Nous dirons tout simplement aux employés et à la presse que Mireille a décidé de passer à autre chose. Nous n'avons pas beaucoup de marge de manœuvre, ici, étant donné la nature délicate de l'information. Je ne crois pas que nous devions nous laisser intimider par la réaction initiale de quiconque. Si nous nous serrons les coudes et faisons des progrès, les employés et les analystes n'auront rien à redire. Je crois que la majorité des gens, plus particulièrement les employés, ne seront pas surpris outre mesure.

Malgré l'assurance dont Valérie faisait preuve et la logique de son raisonnement, l'humeur de chacun demeura maussade. Valérie savait qu'elle devrait les stimuler fortement pour qu'ils se concentrent à nouveau sur leur travail. Elle ne se doutait pas de tous les efforts qu'il lui restait à faire pour régler cette question.

CHAPITRE QUINZE

Pendant le reste de la soirée et jusqu'au milieu de l'après-midi suivant, le groupe se concentra sur des détails reliés aux affaires de l'entreprise, et plus particulièrement aux ventes. Malgré les progrès accomplis, Valérie ne pouvait nier que le départ de Mireille continuait d'alourdir l'atmosphère. Elle décida d'entrer en territoire dangereux.

Après la pause, Valérie s'adressa au groupe :

— *J'aimerais prendre quelques minutes pour régler le cas de l'éléphant qui est caché sous la table ! Je veux connaître vos sentiments en ce qui a trait au départ de Mireille. Nous devons régler cette question en tant qu'équipe avant que j'annonce la nouvelle à tout le monde la semaine prochaine.*

Valérie avait appris par expérience, mais cela l'étonnait toujours, que le départ des employés même les plus difficiles provoquait chez leurs pairs un certain sentiment de deuil et de doute sur leur propre avenir. Les membres de l'équipe échangèrent des regards, se demandant qui prendrait la parole le premier. C'est Pierre qui le fit :

— *Je suppose que je suis tout simplement préoccupé par le fait que nous perdons un autre membre de notre équipe de direction.*

Valérie hocha la tête en guise d'assentiment, bien qu'elle ait préféré dire : « Mais elle n'a jamais été membre à part entière de cette équipe ! »

Thanh ajouta :

— *Je sais que c'était une personne difficile. Mais, elle faisait du bon travail et le marketing est indispensable actuellement. Peut-être aurions-nous dû la tolérer.*

Valérie hocha la tête pour indiquer qu'elle écoutait :

— *Quelqu'un d'autre ?*

Adama fit mine de lever la main, montrant clairement qu'il était sur le point de dire quelque chose qu'il aurait préféré taire :

— *Je suppose que je me demande tout simplement qui sera le prochain ?*

Valérie fit une pause avant de répondre :

— *Laissez-moi vous raconter une brève anecdote personnelle. Une histoire dont je ne suis pas très fière.*

Elle avait capté l'attention de tous. Valérie fronça les sourcils, comme si elle ne voulait pas vraiment faire cette confidence :

Pendant le dernier trimestre de mes études supérieures, j'ai travaillé comme agente contractuelle pour un commerce de détail renommé en Estrie. J'y dirigeais un petit service d'analystes financiers. C'était mon premier véritable poste de direction, et j'espérais que l'entreprise m'offrirait un emploi permanent après l'obtention de mon diplôme.

Malgré ses aptitudes limitées lorsqu'il s'agissait de parler en public, Valérie avait le don de raconter des histoires devant un petit auditoire :

J'avais hérité d'un bon groupe d'employés. Tous travaillaient dur. Mais l'un d'eux en particulier produisait plus de rapports, et de meilleurs, que tous les autres. Je l'appellerai Frédéric. Frédéric acceptait tous les mandats que je lui proposais. Il était devenu mon employé le plus fiable.

— *Ça ressemble à un problème que j'aimerais avoir,* commenta Pierre.

Valérie haussa les sourcils :

— *Mon histoire ne s'arrête pas là. Frédéric énervait tout le monde dans le service. Pour être honnête, il m'agaçait également au plus haut point. Il n'aidait pas les autres à accomplir leurs tâches. Il veillait à ce que tous sachent à quel point son travail était supérieur, ce que personne ne pouvait nier, même si tous le détestaient.*

En tout cas, des employés sont venus me voir à plusieurs reprises pour se plaindre de Frédéric. Je les ai écoutés avec attention. J'ai même conseillé à Frédéric de modifier son comportement, mais sans grande conviction. J'ai tout de même ignoré la plupart de leurs commentaires. Je me rendais compte qu'ils enviaient son talent. Plus important encore, je ne voulais pas m'en prendre à mon employé le plus performant.

Les membres de l'équipe comprenaient son point de vue. Valérie poursuivit :

En définitive, le rendement du service a commencé à décliner. J'ai donné davantage de travail à Frédéric, qui a quelque peu résisté, mais qui s'est tout de même acquitté de ses tâches. Dans mon esprit, c'est lui qui faisait fonctionner le service. Bientôt, le moral des troupes a commencé à se détériorer sérieusement. Notre rendement a encore décliné.

Un certain nombre d'analystes sont, une fois de plus, venus se plaindre de Frédéric. Il m'est apparu clairement qu'il était effectivement à l'origine des problèmes du groupe. Et bien plus que je ne l'aurais cru. Après une longue nuit de réflexion et d'insomnie, j'ai pris ma première grande décision.

Georges tenta de deviner :

— *Vous l'avez congédié ?*

Valérie sourit timidement :

— *Non. Je lui ai donné une promotion.*

Tous les membres de l'équipe restèrent bouche bée. Valérie hocha la tête :

C'est exact. Frédéric est le premier employé que j'ai promu dans ma carrière de gestionnaire. Deux semaines plus tard, trois de mes sept analystes ont démissionné. Le chaos s'est installé dans le service. Nous avons pris du retard dans notre travail. Mon supérieur m'a demandé des explications. Je lui ai parlé de la situation de Frédéric et de ce qui avait incité les autres analystes à quitter l'entreprise. Le lendemain, il a pris une grande décision.

Georges tenta de deviner encore une fois :

— *Il a congédié Frédéric ?*

Valérie esquissa un petit sourire douloureux :

— *Vous y êtes presque. C'est moi qu'il a congédiée.*

Les membres de l'équipe parurent surpris. Thanh voulut la réconforter :

— *Mais les entreprises n'ont pas l'habitude de licencier des agents contractuels.*

Valérie se montra soudainement un peu sarcastique :

— *D'accord. Disons que mon mandat a pris fin abruptement, et qu'on ne s'est jamais soucié de faire, de nouveau, appel à moi.*

Pierre et Adama sourirent. Valérie verbalisa leurs pensées :

J'ai été carrément congédiée !

Tout le monde sourit :

— *Qu'est-il arrivé à Frédéric ?* Demanda Georges.

— *J'ai entendu dire qu'il avait démissionné quelques semaines plus tard. Que quelqu'un avait été embauché pour diriger le service. Le rendement a grimpé en flèche au cours du mois qui a suivi son départ, même si le service comptait maintenant trois analystes de moins qu'auparavant.*

— *Êtes-vous en train de dire que le comportement de Frédéric nuisait, à lui seul, au rendement du groupe dans une proportion de cinquante pour cent ?*

— *Non. Pas le comportement de Frédéric.*

Tous semblèrent déconcertés :

C'est le fait que j'ai toléré son comportement. Comprenez-moi bien, ils ont congédié la bonne personne.

Tout le monde demeura silencieux. Ils donnaient l'impression de ressentir la souffrance de leur patronne, de faire le lien qui s'imposait entre l'histoire de Valérie et ce qui s'était passé la veille.

Après quelques instants, Valérie conclut :

Je ne souhaite perdre aucun d'entre vous. C'est pour cette raison que j'ai agi comme je l'ai fait.

L'équipe comprit avec cette histoire que c'est la réussite de l'équipe et l'atteinte du but collectif qui doit primer sur l'individu, même le plus talentueux !

*

De retour au bureau, Valérie tint une réunion générale afin de discuter du départ de Mireille et d'autres questions organisationnelles. Elle annonça la nouvelle avec le tact qui lui était coutumier. Mais celle-ci provoqua beaucoup plus d'inquiétude chez les employés que ne l'avaient prévu les cadres. Même s'ils savaient que cette réaction était davantage attribuable à la signification symbolique de la situation qu'au départ de Mireille, cela refroidissait l'enthousiasme de l'équipe.

Donc, lors de la réunion suivante, Valérie accorda plus d'une heure aux membres de l'équipe pour qu'ils discutent de la façon dont ils remplaceraient leur directrice du marketing. Après un débat passionné sur la possibilité d'accorder une promotion à l'un des subordonnés de Mireille, Valérie intervint pour briser l'égalité :

— *Très bien. Cela a été une bonne discussion. Je crois que tout le monde a donné son point de vue. Avez-vous quelque chose à ajouter ?*

Après un court silence, Valérie poursuivit :

Nous devons trouver quelqu'un qui saura assurer la croissance du service et nous aider à développer notre image de marque. Évidemment, je préférerais nommer à ce poste un de nos employés. Mais je ne vois personne qui soit apte à l'occuper pour l'instant. Nous allons entreprendre des démarches pour embaucher un nouveau directeur.

Tous acquiescèrent, même ceux qui s'étaient d'abord prononcés contre le recrutement externe :

Je peux vous assurer que nous trouverons la personne qui convient. Cela signifie que vous tous ici présents ferez passer des entrevues aux candidats afin de trouver celui ou celle qui saura faire confiance aux autres, encourager le débat, s'engager envers les décisions collectives, tenir ses pairs imputables et se concentrer sur l'atteinte des objectifs en équipe. Non sur son propre ego !

Valérie était certaine que les membres de son équipe avaient commencé à assimiler sa théorie. Après avoir demandé à Georges de s'occuper de la recherche de candidats, elle orienta la conversation sur les ventes.

Pierre annonça qu'ils avaient réalisé des progrès auprès de quelques clients éventuels, mais que les ventes stagnaient toujours dans certaines régions du pays :

— *Je crois qu'il nous faut davantage de visibilité.*

Thanh savait que Pierre demandait en fait davantage d'argent et elle l'interrompit aussitôt :

— *Je ne veux pas accroître nos dépenses. Ça ne ferait qu'augmenter tes quotas. Nous ne voulons pas nous engager dans une spirale de la mort !*

Pierre respira bruyamment et secoua la tête en guise d'exaspération, l'air de dire : c'est reparti ! Sans que personne ne les voit venir, voilà que Pierre et Thanh se mirent à frapper du poing sur la table, tentant de se convaincre l'un l'autre, et le reste du groupe, que leur approche était la bonne.

Pendant une brève accalmie, Thanh se rejeta en arrière contre le dossier de son fauteuil et proclama, frustrée :

Rien n'a changé. Après tout, le problème ce n'était peut-être pas Mireille !

Son commentaire calma les esprits.

Valérie intervint, souriante :

— *Attendez. Attendez. Je ne vois rien qui cloche ici. C'est le genre de débat dont nous parlons depuis un mois. C'est parfait.*

Thanh tenta de s'expliquer :

— *On dirait que je ne vois pas les choses du même œil. J'ai encore le sentiment que nous nous querellons.*

— *Vous débattez plutôt au sujet de questions importantes. C'est votre travail ! Sinon, vos employés seraient aux prises avec des problèmes qu'ils seraient incapables de résoudre. Ils veulent que nous trouvions des solutions et que nous leur fournissions des directives claires.*

Thanh sembla fatiguée tout à coup :

— *J'espère que ça en vaut la peine !*

Valérie sourit de nouveau :

— *Faites-moi confiance. Cela en vaut beaucoup plus la peine que vous ne le croyez.*

*

Au cours des deux semaines suivantes, Valérie commença à se montrer beaucoup plus exigeante en matière de comportement. Elle réprimanda Adama dont la suffisance pendant les réunions nuisait au climat de confiance. Elle obligea Paul à s'adresser aux membres de l'équipe et à souligner leur maigre contribution à la résolution des problèmes liés aux clients. Elle passa plus d'une longue soirée avec Thanh et Pierre à préparer les batailles qui devraient être livrées au sujet des budgets.

Le plus important fut la réponse que Valérie reçut. Malgré la résistance qui semblait les opposer au départ, les membres de l'équipe ne remettaient pas en question ce que Valérie leur demandait de faire.

Valérie se demanda seulement si elle saurait maintenir le rythme assez longtemps pour que tous bénéficient des avantages de son approche.

Quatrième partie

CHAPITRE SEIZE

Bien que le dernier des ateliers tenus par Valérie ait une saveur différente, elle commença par son discours habituel :

— *Nous avons des cadres plus expérimentés que nos concurrents. Nous avons davantage de ressources financières. Grâce à Adama et à son équipe, nous avons une meilleure technologie de base. Nous avons un conseil d'administration branché. En dépit de tout ça, nous sommes devancés par deux de nos concurrents en matière de revenus et de croissance de la clientèle. Je crois que nous savons tous pourquoi il en est ainsi.*

Pierre leva la main :

— *Valérie, j'aimerais que vous cessiez de faire ce discours.*

Un mois plus tôt, tous les membres de l'équipe auraient été choqués par un commentaire aussi direct. Mais, cette fois-ci, personne ne s'alarma :

— *Pourquoi donc ?* Demanda Valérie.

Pierre fronça les sourcils, tentant de trouver les mots justes :

— *Je pense que c'était plus approprié il y a quelques semaines lorsque nous étions beaucoup plus...*

Pierre n'eut pas à terminer sa phrase.

Valérie expliqua avec le plus de gentillesse possible :

— *Je cesserai de faire ce discours lorsqu'il n'aura plus de sens. Nous ne sommes pas encore là où nous devons être en tant qu'équipe.*

Valérie poursuivit :

Cela ne veut pas dire que nous ne sommes pas sur la bonne voie. De fait, la première chose que nous ferons aujourd'hui, c'est jeter un regard en arrière et évaluer où nous en sommes en tant qu'équipe.

Valérie se dirigea vers le tableau blanc et y inscrivant les mots-clés des cinq bons comportements.

Puis, elle demanda :

Quels progrès avons-nous fait ?

Les membres de l'équipe étudièrent la question en réexaminant le modèle.

Enfin, Georges prit la parole :

— *Nous nous faisons certainement plus confiance les uns les autres qu'il y a un mois.*

Plusieurs hochèrent la tête et Georges enchaîna :

Toutefois, je crois qu'il est encore trop tôt pour affirmer qu'il ne nous reste plus de travail à faire.

D'autres hochements de tête ponctuèrent cette affirmation.

Thanh ajouta :

— *Nous avons fait des progrès en matière de débat. Cependant, je dois admettre que je ne m'y suis pas encore habituée.*

Valérie la rassura :

— *Je crois que l'on peut s'habituer à débattre. Le respect dans les échanges et la volonté du groupe à vouloir trouver la meilleure solution te démonteront que tes efforts en valaient la peine. Les différents angles auront été analysés et l'adhésion du groupe sera toujours meilleure après un bon débat.*

Thanh accepta cette explication. Pierre intervint ensuite :

— *Quant à l'engagement, nous avons nettement progressé en ce qui a trait aux objectifs communs et aux résultats attendus. Ce n'est pas un problème. Mais c'est le volet suivant, l'imputabilité, qui me préoccupe le plus.*

— *Pourquoi ?* Demanda Georges.

— *Parce que je ne suis pas sûr que nous arriverons à nous parler franchement lorsque l'un d'entre nous ne sera pas à la hauteur, ou si quelqu'un pose un geste qui pourrait nuire à l'équipe.*

— *Je ne me gênerai pas pour le lui dire.*

À la surprise générale, c'est Adama qui fit ce commentaire. Il s'expliqua :

— *Je ne crois pas que je pourrais supporter un retour à la situation dans laquelle nous étions auparavant. S'il faut pour cela choisir entre dire les vraies choses et les jeux de coulisses, j'opte pour la franchise.*

Pierre adressa un sourire à son excentrique collègue et termina le survol du modèle :

— *Je ne crois pas que nous aurons de problèmes avec l'atteinte des objectifs. Aucun d'entre nous ne s'en tirera indemne si nous n'arrivons pas à faire fonctionner cette entreprise.*

Valérie n'avait jamais été aussi heureuse de voir une pièce remplie de personnes qui hochaient la tête en guise d'assentiment.

Elle décida de les ramener sur terre :

— *Écoutez, je suis d'accord avec presque tout ce que vous avez dit à propos de l'équipe. Vous cheminez dans la bonne direction. Je tiens à vous avertir qu'il y aura de nombreuses journées au cours des prochains mois où vous vous demanderez si vous avez fait le moindre progrès. Il faudra plus que quelques semaines de modification du comportement pour que l'on puisse constater un impact réel sur l'atteinte des objectifs.*

Les membres de l'équipe semblaient acquiescer un peu trop facilement. Elle en conclut qu'il lui faudrait les secouer encore davantage :

Je vous dis ceci parce que vous n'êtes pas encore au bout de vos peines. J'ai vu de nombreux groupes perdre pied alors qu'ils étaient beaucoup plus avancés que nous ne le sommes actuellement. Tout est question de discipline et de persévérance.

Même s'il ne lui plaisait pas de tempérer l'ardeur de ses troupes, Valérie était soulagée de les avoir préparées aux secousses que doit subir toute équipe qui entreprend de transformer ses comportements. Pendant les deux jours qui suivirent, l'équipe fut aux prises avec de telles secousses. En travaillant parfois dans un climat de coopération, et parfois en donnant l'impression de s'égorger, les membres de l'équipe traitèrent de problèmes organisationnels. Ils trouvèrent ensemble des solutions. Ironiquement, il avait été rare qu'ils abordent directement la question du travail d'équipe, ce que Valérie interpréta comme un signe de progrès. Ce qu'elle observa pendant les pauses et les repas confirma qu'elle avait raison.

Premièrement, les membres de l'équipe tendaient à demeurer ensemble au lieu de s'éparpiller chacun de leur côté comme ils le faisaient lors des deux ateliers précédents. Deuxièmement, ils n'avaient jamais été aussi bruyants et c'étaient surtout des rires qui fusaient de ce brouhaha. À la fin de la séance, bien que manifestement épuisés, ils fixèrent avec impatience la date des prochaines séances de suivis entre leurs services respectifs.

Confiance

Engagement

Débattre

Imputabilité

Objectifs

Une équipe de confiance

CHAPITRE DIX-SEPT

Trois mois après la fin du dernier atelier, Valérie tint sa première réunion semestrielle de deux jours dans un hôtel local. Le nouveau directeur du marketing, Marc Dubois, s'était joint à Synergance deux semaines auparavant. Il assista à cette première rencontre en compagnie des membres de l'équipe.

Valérie donna le coup d'envoi de la séance en faisant une déclaration à laquelle personne n'était préparé :

— *Vous rappelez-vous Sampa Bond ? Cette entreprise que nous songions à acquérir au semestre dernier.*

Il y eut des hochements de tête tout autour de la table :

Pierre avait raison de croire qu'elle pourrait nous faire de la concurrence. Elle veut nous acheter !

Tous, sauf Georges qui faisait partie du conseil d'administration et qui était déjà au courant de l'offre, furent choqués. Surtout Pierre :

— *Je croyais que cette entreprise éprouvait des difficultés financières.*

— *C'était le cas*, expliqua Valérie. *Je suppose qu'elle a réussi à rassembler d'importants capitaux au cours du mois dernier et qu'elle éprouve soudain le besoin de faire une acquisition. Nous avons déjà reçu une offre.*

— *À quoi ressemble-t-elle ?* Demanda Thanh.

Valérie jeta un coup d'œil à ses notes :

— *C'est nettement supérieure à notre valeur actuelle. Nous nous en tirerions tous avec une belle somme.*

Thanh insista :

— *Qu'en pense le conseil d'administration ?*

Georges répondit à la place de Valérie :

— *Il s'en remet à nous.*

Tous demeurèrent silencieux. On aurait dit que chacun calculait ce que cette vente lui rapporterait, et essayait de placer cette offre dans un contexte quelconque.

Enfin, une voix presque en colère rompit le silence :

— *Il n'en est pas question !*

Ils se tournèrent vers leur directeur de l'ingénierie. Adama parla avec une passion qu'on ne lui connaissait pas :

Il n'est pas question que j'abandonne tout aux mains d'une entreprise qui porte un nom de fruit qui n'est pas mûr.

Des rires fusèrent.

Thanh les ramena sur terre :

— *Je ne crois pas que nous devrions rejeter cette offre aussi rapidement. Rien ne garantit que nous réussissions. Et l'on nous offre de l'argent sonnant.*

Georges renchérit :

— *Le conseil d'administration ne pense certainement pas qu'il s'agit d'une mauvaise offre.*

Adama ne semblait pas croire Georges :

— *Alors, pourquoi les membres du conseil s'en remettent-ils à nous pour prendre cette décision ?*

Georges marqua un temps d'arrêt avant d'expliquer :

— *Parce qu'ils veulent savoir si nous avons le feu sacré.*

Adama fronça les sourcils :

— *Le quoi ?*

Georges apporta des précisions à l'intention de son collègue :

— *Ils veulent savoir si nous croyons que notre place est ici. Si nous sommes réellement engagés envers cette entreprise et les uns envers les autres.*

Marc résuma la situation :

— *Ça ressemble à un test.*

Paul prit la parole pour la première fois depuis le début de la réunion :

— *Je vote contre.*

Georges se prononça ensuite :

— *Moi de même. C'est sans appel.*

Pierre hocha la tête, tout comme Valérie et Marc.

Adama regarda Thanh :

— *Qu'en dis-tu ?*

Elle hésita un instant :

— *Sampa Bons ? Vous voulez rire ?*

Tous s'esclaffèrent.

Valérie remit rapidement la conversation sur ses rails, voulant maintenir la dynamique et l'orienter vers les points inscrits à l'ordre du jour :

— *Très bien, nous avons beaucoup d'autres sujets importants à voir aujourd'hui. Commençons.*

Pendant les quelques heures qui suivirent, les membres de l'équipe exposèrent à Marc les cinq comportements clés d'une équipe performante et unie. Pierre parla de l'importance de la confiance. Thanh et Georges parlèrent du débat et de l'engagement. Paul décrivit la notion d'imputabilité dans le contexte de l'équipe. Adama acheva la présentation en parlant de l'atteinte des objectifs. Ils révisèrent ensuite les résultats du test de Myers-Briggs qu'avait passé Marc. Il lui décrivit les rôles et responsabilités de ses nouveaux collègues, ainsi que leur but collectif.

Plus important encore, ils se lancèrent ensuite dans le débat le plus passionné dont Marc ait jamais été témoin, un débat qui se termina avec un accord clair comme le cristal et sans trace d'amertume. Ils eurent une ou deux prises de bec qui mirent Marc mal à l'aise. Mais leurs discussions avaient chaque fois été concluantes.

À la fin de la séance, Marc se dit qu'il s'était joint à l'équipe de direction la plus insolite et la plus intense qu'il ait jamais vue. Il était impatient d'y jouer un rôle actif !

Chapitre dix-huit

Au cours de l'année suivante, Synergance enregistra une croissance phénoménale de ses ventes. Elle atteignit ses objectifs financiers à la fin de trois de ses quatre trimestres. L'entreprise se hissa virtuellement à la première position dans l'industrie. Mais il lui fallait encore se démarquer de son principal rival.

Grâce à une amélioration substantielle de son rendement, l'entreprise connut également une diminution de la rotation de son personnel. Le moral des troupes s'améliorait constamment, exception faite d'une brève période de découragement lorsque les objectifs financiers n'avaient pas été atteints.

Fait intéressant, lorsque cela se produisit, même le président du conseil appela Valérie pour l'encourager à ne pas se laisser abattre étant donné les progrès indéniables dont elle était l'instigatrice.

Maintenant avec plus de deux cent cinquante employés, Valérie décida que le temps était venu de réduire le nombre de cadres sous sa responsabilité directe. Elle estimait que plus l'entreprise avait d'effectifs, plus réduite devait être l'équipe de direction. Avec l'embauche d'un nouveau chef des ventes et d'un directeur des ressources humaines, son équipe comptait maintenant huit membres, ce qui en rendait la gestion assez ardue.

Ce n'est pas que Valérie fut incapable de s'acquitter de leurs rencontres hebdomadaires en tête à tête. Mais elle trouvait de plus en plus difficile d'avoir des discussions de fond qui soient fluides avec neuf personnes autour de la table lors des réunions d'équipe. Malgré la nouvelle attitude de concertation du groupe, des problèmes surgiraient tôt ou tard.

Donc, plus d'un an après le dernier atelier, Valérie décida de procéder à quelques changements organisationnels, des changements qu'elle exposa avec délicatesse et assurance à chacun des membres de son équipe. Pierre reprendrait les rênes de la direction de l'exploitation, un titre qu'il jugeait maintenant mériter.

Par ailleurs, Paul et le nouveau directeur des ventes travailleraient sous sa responsabilité directe et ne feraient plus partie du personnel de la haute direction. Le directeur des

153

ressources humaines serait le subordonné de Thanh, et Valérie n'aurait donc plus que cinq cadres sous sa responsabilité directe : Adama en tant que directeur de l'ingénierie, Thanh à titre de directrice des services financiers, Pierre en tant que directeur de l'exploitation, Marc occupant le poste de directeur du marketing, et Georges en tant que directeur du développement des affaires.

Une semaine plus tard, une autre réunion trimestrielle d'une durée de deux jours eut lieu. Avant que Valérie ait pu donner le coup d'envoi, Thanh demanda :

— *Où est Georges ?*

Valérie répondit d'une voix neutre :

— *C'est le premier sujet que je voulais aborder aujourd'hui. Dorénavant, Georges n'assistera plus à ces rencontres.*

Tous étaient étonnés. Tant par les paroles de Valérie que par le peu d'émotion qui s'en dégageait.

Finalement, Thanh posa la question qui trottait dans l'esprit de tout le monde :

— *Georges a démissionné ?*

Valérie sembla un peu surprise par la question :

— *Non !*

Adama enchaîna :

— *Vous ne l'avez pas congédié, n'est-ce pas ?*

Tout à coup, Valérie comprit à quoi ils pensaient tous :

— *Non, bien sûr que non. Pourquoi est-ce que je congédierais Georges ? C'est seulement qu'il travaillera dorénavant sous la responsabilité directe de Pierre. Étant donné son nouveau rôle, nous avons tous deux convenu que c'était la solution la plus sensée.*

Même s'ils se sentaient tous soulagés maintenant que leurs pires craintes étaient écartées, quelque chose les préoccupait encore.

Thanh ne put s'abstenir de s'exprimer sur cette question :

— *Valérie, je sais que tout cela est très logique. Et franchement, je suis certaine que Pierre est heureux de compter Georges dans son équipe.*

Pierre hocha la tête en guise de confirmation, et Thanh

poursuivit :

Ne croyez-vous pas qu'il soit déçu de ne plus faire partie de votre équipe ? Je sais que nous ne devrions pas nous soucier de notre statut et de notre ego, mais il est membre du conseil d'administration, et c'est aussi l'un des fondateurs de l'entreprise. Avez-vous réellement tenu compte de ce que cela représente pour lui ?

Valérie sourit fièrement, ravie qu'ils l'obligent à expliquer ce qu'elle avait voulu leur dire dès le début :

— *Mes amis, c'était une idée de Georges !*

Cette explication ne leur avait pas effleuré l'esprit. Valérie poursuivit :

Il a dit que, même s'il avait aimé demeurer avec cette équipe, il trouvait plus sensé de faire partie du groupe de Pierre. En fait, je lui ai donné l'occasion de revenir sur sa décision, mais il a insisté en disant que c'était la bonne chose à faire pour l'entreprise, et pour l'équipe.

Valérie laissa les membres de son équipe savourer un moment d'admiration silencieuse pour leur ancien directeur général.

Elle était fière de l'évolution de son équipe. Mais elle savait que la prochaine étape serait aussi importante. Il lui faudrait mobiliser et impliquer tous les employés de l'entreprise, un défi quotidien parsemé d'embûches. Son coach, Serge, lui avait enseigné une méthode très mobilisatrice appelée **CIMES – Votre équipe au sommet**. Elle avait apprécié l'acronyme **C** pour communication, **I** pour implication, **M** pour mobilisation, **E** pour équipe et **S** pour synergie. Elle se préparait à vivre un autre chapitre pour assurer le succès et la pérennité de l'entreprise. Une histoire à suivre...

Une histoire à suivre...

Le modèle

Le modèle proposé ici est basé sur l'observation de nombreuses équipes performantes qui ont le talent de réussir là où les autres échouent. Malgré les embûches qui parcourent leurs quotidiens, ils savent s'unir et réagir adéquatement à l'ensemble des situations qui se présentent à eux.

La confiance et l'engagement sont indéniablement la fondation de ce succès. Ils ne cherchent pas à trouver des coupables ou bien des excuses, mais bien des solutions claires et des moyens efficaces pour les implanter. Leurs décisions ont été au préalable débattues sous tous les angles, comprises et partagées collectivement dans un but simple : réussir à tout coup leur mission…, mieux et avant les autres. C'est la force d'une équipe de confiance.

Bon succès !

Une équipe
de confiance

Comportement clé No 1
Se faire mutuellement confiance, être authentique et transparent

Fondamentalement, les membres des meilleures équipes se font confiance. Ils sont authentiques avec les autres au sujet de leurs faiblesses, erreurs, craintes et comportements. Ils atteignent le niveau de confiance pour être complètement transparent aux autres, et cela, sans restriction.

Confiance
SE FAIRE MUTUELLEMENT CONFIANCE
ÊTRE AUTHENTIQUE
ET TRANSPARENT

Comportement clé No 2
Débattre ouvertement, sans autocensure, les idées et opinions

Les membres des équipes qui se font confiance s'engagent volontairement dans des échanges passionnés en vue d'atteindre leurs objectifs. Ils se permettent d'être en désaccord avec les autres, de contester et de questionner. Cela, dans le but de trouver les meilleures réponses, de découvrir la vérité, et finalement de prendre de meilleures décisions.

Débattre

DÉBATTRE OUVERTEMENT
SANS AUTOCENSURE
LES IDÉES ET LES OPINIONS.

Comportement clé No 3
S'approprier les décisions et s'engager à mettre en œuvre les plans d'action.

Les équipes qui s'engagent dans des débats sans restriction sont capables d'atteindre une adhésion de l'équipe aux décisions prises, même si au départ, plusieurs membres autour de la table étaient en désaccord. Cela est possible parce que tous s'assurent que toutes les opinions et les idées ont été mises sur la table, considérées et débattues. Les membres sentent alors que tous les angles ont été analysés.

Engagement

S'APPROPRIER LES DÉCISIONS ET
S'ENGAGER À METTRE EN ŒUVRE
LES PLANS D'ACTION

Comportement clé No 4
Se tenir mutuellement imputable et assumer les responsabilités avec professionnalisme.

Les équipes qui s'engagent à réaliser les décisions prises, et à être performantes, n'hésitent pas à s'assurer que tous adhèrent aux décisions, et réalisent le travail qu'ils se sont engagés à faire. En plus, ils ne considèrent pas que seul le chef d'équipe soit responsable de s'assurer du succès de l'équipe. Ils s'en assurent collectivement.

Imputabilité

SE TENIR MUTUELLEMENT IMPUTABLE
ET ASSUMER SES RESPONSABILITÉS
AVEC PROFESSIONNALISME

Comportement clé N° 5
Se concentrer sur l'atteinte des objectifs collectifs et être fiers de réussir ensemble.

Une fois que les membres de l'équipe se font confiance, participent activement aux débats, s'engagent à respecter et à réaliser les décisions prises, à tenir les autres imputables de leurs responsabilités et engagements, à mettre de côté leurs besoins et agendas personnels, il est important qu'ils se concentrent presque exclusivement sur ce qui est le mieux pour l'équipe. Ils ne se laissent pas tenter de placer en tête : leurs départements, carrières, aspirations ou leur ego, au lieu de prioriser l'atteinte des résultats collectifs qui définissent le succès de l'équipe.

Objectifs
SE CONCENTRER SUR L'ATTEINTE
DES OBJECTIFS COLLECTIFS ET
ÊTRE FIERS DE RÉUSSIR ENSEMBLE.

Les récompenses

S'efforcer de créer une équipe performante et unie, accorde un avantage stratégique de taille aux organisations qui cherchent à se différencier.

Les équipes performantes accomplissent leurs tâches plus rapidement que les autres équipes parce qu'elles évitent de perdre leur temps dans des discussions vaines qui tournent en rond.

Les membres de ces équipes prennent aussi de meilleures décisions et y adhèrent plus facilement, en éliminant les jeux de pouvoir et la confusion entre eux et les personnes qu'ils dirigent. Finalement, les équipes performantes gardent leurs meilleurs employés plus longtemps. La raison en est très simple. Les meilleurs joueurs apprécient faire partie d'une équipe gagnante, cohésive et bien dirigée.

Comment mieux se faire mutuellement confiance, être authentique et transparent

La confiance est au cœur du fonctionnement d'une équipe unie. En fait, elle en est le fondement et sans elle, le véritable travail d'équipe ne peut pas se produire. La confiance dans une équipe vient de la transparence et de l'authenticité des membres de leur capacité à partager leurs faiblesses, lacunes, manque de compétences interpersonnelles, erreurs, etc. Ce type de confiance dans une équipe permet à ses membres de se concentrer sur la tâche à accomplir plutôt que de se protéger eux-mêmes et de protéger leur terrain de jeux.

Conseils et exercices

Utilisez un test de personnalité afin d'aider les membres de l'équipe à comprendre leurs personnalités, compétences et attitudes, à identifier les forces communes et les faiblesses de l'équipe.

Cela vous aidera à éviter de porter des jugements inappropriés et à mieux comprendre les 16 types de personnalité qui peuvent être présents dans une équipe. Connaître votre propre personnalité et celles des autres personnes peut vous aider à comprendre quelles sont vos forces, quel genre de travail vous pourriez apprécier, et comment vous pouvez travailler avec des gens ayant des personnalités différentes des vôtres. Vous comprendrez comment il est possible de réussir ensemble tout en ayant des types de personnalités différentes. Ce test accélérera l'instauration d'un sentiment de confiance entre vous et vous permettra de mieux vous connaître.

Trouvez des occasions de passer plus de temps ensemble, face à face.

Un des plus grands obstacles à la construction de la confiance dans une équipe est le manque de temps passé à travailler ensemble. Il peut s'agir de réunions hors site, de séances de planification stratégique et même d'activités sociales. Évitez la tentation de "gagner du temps" au détriment de l'amélioration de la productivité.

Utilisez l'exercice de groupe *Mon histoire personnelle* pour fournir une occasion d'échanges rapides de renseignements personnels.

Demandez aux membres de l'équipe de partager sur des thèmes tels que leur lieu de naissance, le nombre de frères et sœurs ils ont, leur rang dans leur famille et, enfin le défi le plus intéressant ou difficile pour eux comme enfant. Les membres de l'équipe qui comprennent mieux l'historique des autres sont plus susceptibles de tirer parti de leurs points forts et d'éviter les jugements injustes sur leurs comportements.

« La confiance ne s'achète pas, elle se vit.
Elle se perpétue grâce à notre authenticité,
notre intégrité et notre transparence. »
Serge Bouchard

Comment mieux débattre ouvertement, sans autocensure, les idées et opinions

Débattre c'est l'échange productif d'idées et d'opinions diverses d'une manière ciblée, efficace et sans autocensure. Sans débat, la prise de décision en souffre et les relations entre les membres de l'équipe stagnent. En outre, si les débats n'ont pas lieu directement entre les membres tous réunis, ils se feront derrière les portes closes, souvent de façon mesquine et inappropriée.

Conseils et exercices

Établissez clairement que de débattre sans autocensure et avec respect est à la fois bon et nécessaire pour l'équipe.

L'un des plus grands inhibiteurs de débats sans autocensure et avec respect est l'incapacité du chef d'équipe de les permettre lors de réunions et de communiquer l'importance de ces débats.

Réalisez *Une évaluation de la personnalité,* de chacun des membres.

Pour comprendre précisément comment les différents membres de l'équipe s'engagent naturellement dans un débat.

Utilisez le test : *L'instrument Thomas-Kilman (TKI)*[2].

Pour comprendre comment les différentes stratégies pour débattre devraient être employées. Cet outil vous permettra de comprendre et surmonter les préférences naturelles. Il conduira à des débats plus constructifs.

Établissez des règles à respecter lors des débats.

Définissez les comportements souhaités, l'importance du respect, l'émotivité, le langage utilisé, le processus de décision, etc.

---

[2] http://www.kilmanndiagnostics.com/

Améliorez l'efficacité des réunions.

Réserver assez de temps pour débattre sur les questions de fond. Il en sera plus facile pour les membres de l'équipe de s'engager dans un débat constructif et de trouver les solutions aux problèmes.

Explorez des techniques nouvelles comme le Forum Ouvert[3].

Le Forum Ouvert, une méthodologie développée par Harrison Owen, permet d'animer des groupes de discussions de 5 à 2 000 participants, de façon souple et efficace sur une thématique cible.

Elle permet de relever des défis complexes avec une diversité d'intervenants en très peu de temps ; d'améliorer le sentiment d'appartenance ; de renforcer l'esprit d'équipe, le respect et le dialogue entre les gens et les départements. C'est une méthodologie complémentaire aux réunions d'équipe, elle est appréciée lors de séances de créativité en groupe pour trouver des solutions innovatrices autant techniques qu'organisationnelles.

Assurez-vous qu'un membre de l'équipe soit responsable des débats.

Habituellement, le chef est responsable des débats. Cela permet de débattre des sujets appropriés ainsi que de gérer le déroulement et la conclusion selon les règles établies par l'équipe.

---

[3] HARRISON, H. Owen, « Open Space Technology : A User's Guide », Berrett-Koehler Publishers, 2008

« Il y a les mots qui tuent,
il y a les mots qui aident.
Les premiers vous isolent,
les seconds vous font grandir
... mutuellement. »
Serge Bouchard

Comment mieux s'approprier les décisions et s'engager à mettre en œuvre les plans d'action

Dans les équipes au niveau élevé d'engagement, les membres comprennent qu'ils n'ont pas besoin d'obtenir toutes leurs exigences pour appuyer une décision. Ils ont seulement besoin de savoir que leurs opinions ont été entendues et sérieusement envisagées. Ils peuvent s'unir derrière une décision, même s'ils ne sont pas certains que la décision est tout à fait correcte. Ils savent qu'une décision vaut mieux qu'aucune décision et qu'il est préférable de faire un choix, d'agir avec audace, de se tromper et de changer de direction que d'attendre d'être certain à 100 %.

Conseils et exercices

Forcez l'équipe à clarifier tous les aspects d'une décision et à obtenir une conclusion comprise de tous.

Les chefs des équipes qui s'engagent dans les décisions prises par l'équipe s'assurent d'éliminer toute ambiguïté. Ils terminent les réunions en rappelant ce sur quoi les membres de l'équipe sont tombés d'accord.

Informez de vive voix les personnes concernées.

À la fin de chaque réunion, une équipe doit explicitement examiner les principales décisions qui ont été prises et s'entendre sur ce qui doit être communiqué aux employés et aux autres parties prenantes. L'utilisation de ce simple exercice, soit d'informer de vive voix les personnes concernées, témoigne de l'engagement public du superviseur envers les décisions prises et permet d'aligner les employés de toute l'organisation autour des objectifs communs.

Même les membres de l'équipe naturellement hésitants à s'engager le font quand ils ont communiqué les décisions à leurs employés directs.

Fixez une cible prioritaire à l'équipe.

Cela permet de clarifier dans quelles activités dépenser son temps, ses énergies et ses ressources.

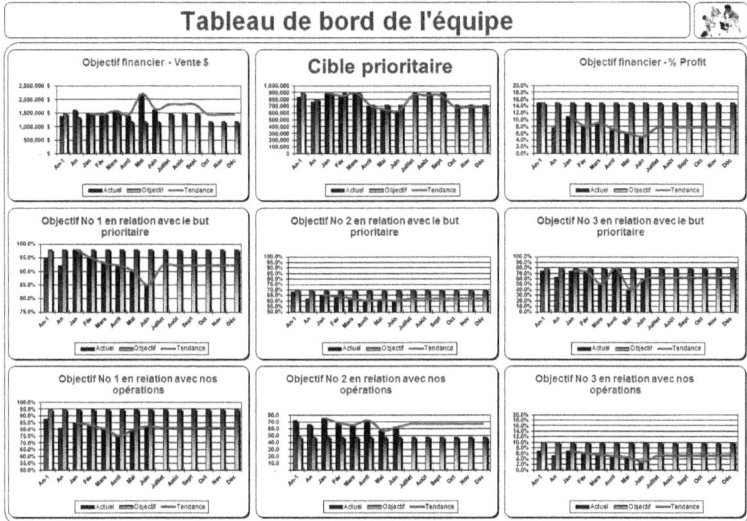

Pensez au pire scénario qui puisse se produire à la suite d'une décision.

Cela diminue la peur de l'échec en réalisant que même une décision, plus ou moins bonne, est viable.

Établissez un plan de contingence.

Cela a pour but de dissiper l'idée fausse qu'un engagement ne peut pas être réexaminé après l'apparition de nouvelles données qui invalideraient la décision initiale.

« Je FAIS ce que j'ai dit que j'allais faire,
c'est ça l'engagement véritable et vérifiable
des membres d'une équipe de confiance. »
Serge Bouchard

Comment mieux se tenir mutuellement imputable et assumer les responsabilités avec professionnalisme

Pour les équipes, être responsable et imputable signifie que les membres de l'équipe ont la volonté, malgré l'inconfort que cela peut provoquer, de questionner leurs pairs sur les comportements et résultats qui pourraient affecter les performances de l'équipe. Il existe aussi une tendance plus générale à éviter les conversations difficiles. Tenir les autres responsables et imputables signifie que les membres de l'équipe doivent *entrer dans une zone dangereuse* les uns avec les autres. Bien sûr, ils ne peuvent le faire que si un niveau de confiance suffisant existe, que les débats sont sains et que l'engagement des membres est élevé.

Conseils et exercices

Expliquez aux membres de l'équipe les différences entre être responsable, être imputable et faire la reddition de compte.

Ces trois définitions sont souvent mal comprises par les membres des équipes. Elles sous-entendent un ensemble d'actions précises de gestion qui sont souvent oubliées.

Voici comment se définit la responsabilité en gestion

Être responsable, c'est comprendre et accepter un mandat. Ensuite, c'est le planifier, l'organiser, en déléguer certaines parties, réaliser les tâches, mesurer l'avancement des travaux, vérifier l'atteinte des objectifs et réagir aux imprévus. Nous sommes habitués à ce que la responsabilité se manifeste du haut vers le bas dans une organisation.

Voici comment se définit l'imputabilité en gestion

Être imputable, c'est l'obligation d'informer proactivement son mandataire* lors de dérives, lui expliquer les écarts, lui proposer des alternatives, justifier nos décisions et en assumer les conséquences. Nous sommes habitués à ce que l'imputabilité se manifeste du bas vers le haut dans une organisation.

Voici la définition de la reddition de compte en gestion

Faire la reddition de compte, c'est présenter périodiquement, pour vérification, les comptes de sa gestion des biens d'autrui à son mandant*. C'est habituellement la preuve détaillée des montants que j'ai dépensés, comparativement au budget qui m'était alloué, réalisée dans le respect des règles et procédures de l'organisation. Par exemple : les mécanismes d'appels d'offres, le contenu des clauses contractuelles et la procédure d'autorisation des avenants.

Les définitions s'appliquent autant à une équipe qu'à un individu. Par exemple, une équipe de projet est mutuellement responsable, imputable et à l'obligation de rendre des comptes au mandant d'un projet. La délégation est le moyen de répartir équitablement, au sein de l'équipe, les responsabilités spécifiques selon les compétences des membres.

*Un mandant, c'est la personne qui nous délègue un mandat que nous acceptons comme mandataire.

Cela peut être : le supérieur immédiat, le comité de direction, le conseil d'administration, une autre équipe de l'organisation, un client, etc.

Faites l'exercice : *Efficacité de mon équipe***, pour fournir une occasion de se questionner sur nos comportements en tant qu'équipe.**

Demandez aux membres de l'équipe d'identifier et de communiquer pour chaque membre de l'équipe, un comportement ou agissements positif et apprécié que nous aimons chez l'autre. De reconnaître cette force et de la dire à haute voix est mobilisateur pour la personne qui la reçoit. De plus si plusieurs personnes reconnaissent cette force, c'est un signal fort à l'équipe d'utiliser cette force plus régulièrement. Si tous les membres travaillent principalement dans leurs forces, l'équipe a beaucoup plus de chance d'être performante et rapide.

Demandez aussi aux membres de l'équipe d'identifier et de communiquer pour chaque membre de l'équipe, un comportement ou agissements négatif ou désagréable que nous n'apprécions pas chez l'autre. De signaler cette faiblesse et la dire à haute voix permet de transmettre une information que bien souvent la personne concernée ne savait pas ou bien ne se rendait pas vraiment compte de son impact négatif sur le groupe. De plus si plusieurs personnes signalent le même comportement négatif, c'est un signal fort à la personne de corriger immédiatement ce comportement. Si tous les membres de l'équipe abandonnent leurs comportements ou agissements négatifs, vous améliorerez considérablement l'atmosphère des réunions et le plaisir d'y participer activement.

Le tout est de travailler dans les forces que les autres apprécient et d'être apprécier comme individu. Une équipe de confiance qui performe a ses caractéristiques.

Publiez des objectifs et les règles de comportement.

Une équipe améliore la probabilité que les membres signalent les comportements nuisibles d'un pair, quand elle définit clairement les règles de comportements qui sont destructrices pour la performance de l'équipe.

Examinez régulièrement les progrès réalisés en fonction de la cible prioritaire.

Quand une équipe s'assure que les écarts par rapport aux plans sont identifiés rapidement, elle rend plus probables que les problèmes de performance de l'équipe soient mis en évidence et traités.

Commencez les réunions en utilisant le tour de table rapide.

C'est alors que les membres de l'équipe passent en revue rapidement ce sur quoi ils travaillent. Lorsque les membres de l'équipe se tiennent mutuellement informés sur ce qu'ils font, ils donnent aux autres l'occasion de faire des commentaires et de donner des conseils avant qu'une erreur ne se produise.

« *La réussite d'un grand projet*
n'est jamais due au hasard.
Elle est l'œuvre d'une équipe
unie, passionnée, compétente
et engagée à se dépasser.
Une équipe de confiance. »
Serge Bouchard

Comment mieux se concentrer sur l'atteinte des objectifs collectifs et être fiers de réussir ensemble

La seule vraie raison du travail en équipe est que le travail d'équipe nous permet d'obtenir de meilleurs résultats ; des résultats impossibles à obtenir par un travail individuel. Une équipe jugée sur ses résultats se doit de se concentrer constamment sur ses objectifs collectifs. Les membres des équipes qui adoptent ce comportement clé délaissent le statut individuel, l'ego et les besoins spécifiques à leur département pour se concentrer sur les objectifs du groupe.

Conseils et exercices

Amenez tous les membres de l'équipe à s'engager publiquement à atteindre la cible prioritaire et les objectifs de l'équipe.

Quand les gens déclarent publiquement leur intention de faire quelque chose, ils sont beaucoup plus susceptibles de faire le nécessaire pour l'atteinte de l'objectif.

Assurez-vous de l'alignement des objectifs de l'organisation.

Lorsque les membres de l'équipe comprennent comment les objectifs de l'équipe fournissent la base pour réussir les autres objectifs de l'organisation, ils sont beaucoup plus susceptibles de rester concentrés sur l'atteinte des objectifs collectifs, plutôt que sur leurs objectifs personnels ou de département.

Assurez-vous que les programmes de récompenses et de reconnaissances sont axés sur le succès de l'équipe.

Lorsque les membres de l'équipe ont tout intérêt à se concentrer sur leurs objectifs de rendement individuel plutôt que sur ceux de l'équipe, il devient facile pour chacun de laisser de côté les objectifs de l'équipe et de se concentrer sur ses propres objectifs financiers personnels et développement de carrière.

Confirmez que c'est l'atteinte des objectifs de l'équipe qui est la priorité.

Il est essentiel pour les membres d'une équipe de prioriser les besoins et les intérêts de l'équipe principale plutôt que ceux des équipes secondaires qu'ils gèrent. Sans cela, l'ensemble de l'organisation risque fortement d'échouer, en travaillant potentiellement dans des directions opposées qui mettront en danger l'ensemble de l'organisation.

« *NOUS AVONS LE CHOIX DU CHEMIN POUR NOUS RENDRE À DESTINATION. IL Y A DES ROUTES PLUS DISTRAYANTES ET ENCOMBRÉES QUE D'AUTRES ET, SI NOUS N'Y PRÊTONS PAS ATTENTION, NOUS RATERONS LE RENDEZ-VOUS AVEC NOTRE RÊVE...* »

SERGE BOUCHARD

Supplément multimédia

Ce livre est accompagné de matériel didactique supplémentaire accessible sur le Web pour ceux qui désirent approfondir le modèle des « *5 comportements clés pour devenir une équipe de confiance* »

L'inscription est gratuite pour les lecteurs. Veuillez visiter le :

http://sergebouchardasc.com/5cce/supplement/

La première fois que vous accéderez au site, vous devrez vous y inscrire.

Après la confirmation de votre inscription, vous serez dirigé vers la page privée réservée aux lecteurs. Utiliser le code d'accès suivant :

674-YDT-317-QPS

Vous y trouverez le : *Test d'efficacité d'une équipe.*

Les vidéos HD de l'auteur présentent en détail chacun des 5 comportements clés ainsi que des conseils appropriés pour devenir une équipe de confiance.

Pour ceux qui veulent se faire accompagner dans l'implantation de ce modèle dans leur organisation, nous offrons du coaching en entreprise, des ateliers de consolidation d'équipe pour les conseils d'administration, les comités de direction et les équipes de travail.

Pour plus d'information, visitez le site :
http://sergebouchardasc.com/5cce/

Pour communiquer avec Serge Bouchard, ASC :
mailto:serge@bouchard.com

LinkedIn :
http://ca.linkedin.com/in/sergebouchard

Facebook :
https://www.facebook.com/Serge.Bouchard.ASC

Les collections : Wow ! c'est si simple !

Serge Bouchard, ASC, diplômé en gouvernance de sociétés de l'Université Laval de Québec, expert du Système de production Toyota, possède une solide expérience en gestion et coaching des opérations, ressources humaines, prix de revient, informatisation et implantation des meilleures pratiques.

La série : Les ressources humaines

BOUCHARD, Serge, « *5 comportements clés pour devenir une équipe de confiance*
– Une histoire réaliste pour apprendre », Serge Bouchard ASC, 2013

BOUCHARD, Serge, « *5 comportements clés pour devenir une équipe de confiance*
– Le guide pratique », Serge Bouchard ASC, 2013

BOUCHARD, Serge, « *5 comportements clés pour devenir une équipe de confiance*
– Test d'efficacité d'une équipe », Serge Bouchard ASC, 2013

BOUCHARD, Serge, « *5 comportements clés pour devenir une équipe de confiance*
– 16 Types de personnalité- Autoévaluation », Serge Bouchard ASC, 2013

BOUCHARD, Serge, « *5 comportements clés pour devenir une équipe de confiance*
– Cahier du participant — Membre d'une équipe », Serge Bouchard ASC, 2013

BOUCHARD, Serge, « *5 comportements clés pour devenir une équipe de confiance*
– Cahier du participant — Chef d'une équipe », Serge Bouchard ASC, 2013

BOUCHARD, Serge, « *5 comportements clés pour devenir une équipe de confiance*
– Formation vidéo — Chef d'équipe », Serge Bouchard ASC, 2013

BOUCHARD, Serge, « *16 types de personnalités marquantes l'ESTJ*
– L'organisateur Georges W. Bush », Serge Bouchard ASC, 2013

BOUCHARD, Serge, « *16 types de personnalités marquantes l'ISTJ*
– L'efficace Georges Washington », Serge Bouchard ASC, 2013

BOUCHARD, Serge, « *16 types de personnalités marquantes l'ESFJ*
– Le serviable Eddie Murphy », Serge Bouchard ASC, 2013

BOUCHARD, Serge, « *16 types de personnalités marquantes l'ISFJ – Le dévoué Mère Thérésa* », Serge Bouchard ASC, 2013

BOUCHARD, Serge, « *16 types de personnalités marquantes l'ESTP – L'enthousiasme Madonna* », Serge Bouchard ASC, 2013

BOUCHARD, Serge, « *16 types de personnalités marquantes l'ISTP – Le débrouillard Clint Eastwood* », Serge Bouchard ASC, 2013

BOUCHARD, Serge, « *16 types de personnalités marquantes l'ESFP – L'épicurien Bill Clinton* », Serge Bouchard ASC, 2013

BOUCHARD, Serge, « *16 types de personnalités marquantes l'ISFP – Le raffiné Michael Jackson* », Serge Bouchard ASC, 2013

BOUCHARD, Serge, « *16 types de personnalités marquantes l'ENFJ – Le bienveillant François Mitterrand* », Serge Bouchard ASC, 2013

BOUCHARD, Serge, « *16 types de personnalités marquantes l'INFJ – Le conseiller Goethe* », Serge Bouchard ASC, 2013

BOUCHARD, Serge, « *16 types de personnalités marquantes l'ENFP – Le champion — Mark Twain* », Serge Bouchard ASC, 2013

BOUCHARD, Serge, « *16 types de personnalités marquantes l'INFP – L'artiste — William Shakespeare* », Serge Bouchard ASC, 2013

BOUCHARD, Serge, « *16 types de personnalités marquantes l'ENTJ – Le meneur — Margaret Thatcher* », Serge Bouchard ASC, 2013

BOUCHARD, Serge, « *16 types de personnalités marquantes l'INTJ – Le scientifique — Isaac Newton* », Serge Bouchard ASC, 2013

BOUCHARD, Serge, « *16 types de personnalités marquantes l'ENTP – L'inventeur — Thomas Edison* », Serge Bouchard ASC, 2013

BOUCHARD, Serge, « *16 types de personnalités marquantes l'INTP – L'architecte — Albert Einstein* », Serge Bouchard ASC, 2013

Lectures suggérées

ASSANTE, Stéphanie, « *Les 16 grands types de personnalité – Le MBTI* », Dangle, 2012

CAUVIN, Pierre et CAILLOUX, Geneviève, « *Les types de personnalité : Les comprendre et les utiliser avec le MBTI et le CCTI* », E.S.F. (ÉDITIONS), 2011

HARRISON, H. Owen, « *Open Space Technology : A User's Guide* », Berrett-Koehler Publishers, 2008

HELLIWELL., John F. et Haifang HUANG, « *Well-Being and Trust in the Workplace* », National Bureau of Economic Research, 2008

LIPPINCOTT, Sharon M., « *Meetings : Do's, Don'ts and Donuts* », Lighthouse Point Press, 1994

LATULIPPE, Martin, « *Éveiller l'invisible pour réaliser l'impossible* », Les Éditions de la Francophonie, 2008

LENCIONI, Patrick, « *Overcoming the Five Dysfunctions of a Team : A Field Guide for Leaders, Managers, and Facilitators* », Jossey-Bass, 2005

MAXWELL, John C., « *Les 17 lois infaillibles du travail en équipe* », GIED Editions, 2002

MAXWELL, John C., « *Les 21 lois irréfutables du Leadership* », GIED Editions, 2002

NEMIRO, Jill et autres, « *The Handbook of High-Performance Virtual Teams* », Josseay-Bass, 2008

REINA, Dennis S., et Michelle L. REINA, « *Trust and Betrayal in the Workplace* », Nerrett-Koehler Publishers, 2006

ROBBINS, Harveay, et Michael FINLEY, « *The Why Teams Don't Work* » Josseay-Bass. 1998

SAMSON, Alain, « *De la discussion au véritable dialogue* », Métro, 2010

SAMSON, Alain, « *Comment exploiter mes employés* », Les Éditions Transcontinental, 2008

SAMSON, Alain, « *Comment favoriser le travail d'équipe* », Les Éditions Transcontinental, 2011